U0585696

— 股市短线精准战法教程 —

超级短线 2

郭志荣 ◎ 著

SPM
南方出版传媒
广东人民出版社
· 广州 ·

图书在版编目（CIP）数据

超级短线 2/郭志荣著. —广州：广东人民出版社，2016.2
ISBN 978 - 7 - 218 - 10248 - 1

Ⅰ. ①超…　Ⅱ. ①郭…　Ⅲ. ①股票交易—基本知识　Ⅳ. ①F830.91

中国版本图书馆 CIP 数据核字（2015）第 166100 号

Chaoji Duanxian 2

超级短线2

郭志荣　著

出 版 人：曾　莹

责任编辑：肖风华　温玲玲
封面设计：张建民
责任技编：周　杰　黎碧霞

出版发行：广东人民出版社
地　　址：广州市大沙头四马路 10 号（邮政编码：510102）
电　　话：（020）83798714（总编室）
传　　真：（020）83780199
网　　址：http：//www.gdpph.com
印　　刷：广东昊盛彩印有限公司
开　　本：787mm×1092mm　1/16
印　　张：17　字　数：270 千
版　　次：2016 年 2 月第 1 版　2016 年 2 月第 1 次印刷
定　　价：42.00 元

如发现印装质量问题，影响阅读，请与出版社（020 - 83795749）联系调换。
售书热线：（020）83795240

前言

要做一个合格的短线客需要过硬的技术，否则只能做股市的过客。

有人说股票短线的变化太快了，很难把握。如果很容易就能把握，大部分人都能挣钱，那这个市场很快就会消亡，因为任何一个证券市场设计的原理都是让少数人赚钱，多数人亏本。这虽然很残酷，但也符合事物的运行规律。没有人能保证短线有百分百的胜率，能有百分之七八十就够得上股神了。根据普通的概率论，有百分之五十五的胜率就可以在股市生存发展。我们从来不能奢望有七成以上的胜率，但也要保证有足够生存的胜率。胜之则乘胜追击，败了则爽快认输止损，绝不婆婆妈妈拖延幻想，这也是短线的基本原则之一。

要做好短线确实不容易，但我们要善于把不容易的事情变得容易起来。要做到这个其实也不难，即我们要在市场胜率大的时候积极介入，胜率小的时候休息。说到这个大家也许有点明白了。做短线不是每天都在市场厮杀，它与做长线一样需要把握大势。若大盘向好，处于明确的上升趋势，每天有领涨的权重板块，每天有较多的个股涨停，这说明利于短线操作，在这样的大好趋势下，我们要敢于操作；若大势不好，就不要硬来，明知大势不好还要折腾，那就是自寻死路。

关注大盘还有一个好处，那就是你能对比出个股的强弱。短线客没有足够的时间来潜伏，通常也不参与回调，只有等到爆发的瞬间才积极追进，在主力出逃的时候坚决清仓，因此短线客选股必须选择近期的热点板块中的强势个股，只有这些个股才会在短时间内反复爆发，才会给短线客追涨杀跌的机会。在中国股票市场，要成为热点，不仅仅要靠业绩，更多要靠题材，而且是潜在的题材，不是已经成为事实的题材。我们见过很多见光死的股票，这里就不再多说。只有潜在的、朦胧的题材才会给人以美好的幻想，也才会被庄家相中并大肆炒作。一只光有业绩没有题材的股票未必会成为庄家的最爱，这也是我们经常守着一些所谓绩优股却不见其涨的原因。因此，善于发现潜在的题材股也是短线客的必备条件之一，只是散户没有足够的资源获得第一手的信息，往往落后于机构等。那么最好、最实用的办法就是对比大盘，如果经常强于大盘的板块肯定是热点板块。同样，经常出现在涨停板上的个股肯定是龙头，这正是短线客寻觅的好股。

很多短线客热衷于搜寻所谓的独门绝招，其实有点幼稚，当你都知道了的绝招肯定不是绝招了。哲学家说越简单的越实用。很多所谓民间股神泄露出来的绝招稀奇古怪、纷繁复杂，你学会了未必能派得上用场。反而是一些简单的常用的方法可以屡试不爽。比如在低位的平均线向上开口时买入就是一个很简单实用又胜率极高的方法。方法简单而常见不是问题，只要你能始终如一的坚持，相信能获得极大的成功。

从技术上来说，做短线要关注的东西很多，但主要的还是K线、成交量和均线系统。这也是《超级短线》丛书的主要内容。我们不敢在这里故弄玄虚地说介绍什么独门秘籍，那是股神们的事。我们要做的就是教会你掌握基本的技法。这些技法不高深，也不难学，但都是学会了就能用，用了就能提高胜率的方法。我们相信只要你能严格按照操作纪律来做，这些方法足够你在股市大展拳脚，甚至不比那些绝招表现差。与其挖空心思去寻访那些所谓的绝招，不如脚踏实地地静心练好基本功。基本功到家了，招法自然水到渠成。这有点像太极的无招胜有招，大概万事万物的基本原理还是相通的吧。

《超级短线》丛书提取了一些市场行之有效的操作技法加以整理，并结合众多的实战案例详细讲解，力求学一个技巧就能彻底掌握，并能运用到实战中。我们力求讲述简单明了，易学易懂，适合大众股民阅读。让读者易懂易学、实用有用是作者的写作宗旨。当然由于水平限制和时间仓促，书中难免有漏洞，希望专家和读者批评指正。

最后，我们还是提醒投资者需要有风险意识和风险管理方法，这对短线客尤其重要。没有学会割肉的投资者不是成熟的投资者，不会止损的短线客同样不是合格的短线客。祝愿所有的短线客能在未来的股市中大展身手、实现理想。

老 郭

2015 年 12 月于广州白云山

目录

横盘地量不一定是买入时机。这要看股价前期是否大幅下跌。如果已经严重超跌，横盘则意味着在筑底，地量也说明再无杀跌动能，持股相对稳定。真正买入的时机在股价放量突破横盘区域的时候，后市通常会有较大涨幅。

超跌指股价前期已经大幅下跌，投资价值凸现。但因为股价惯性下跌，该割肉的都已经出局，因此形成地量。此时股价很可能形成大级别的反弹，一旦股价放量反转，投资者可以适当介入。

后量超前量作为一个持股或者买入的时机，首要的条件应该是股票运行在上升趋势的初期或中期。后量超前量说明市场活跃度越来越高，市场一致看多，主力也开始加大力度进场，此时进场自然安全度比较高。

在股票拉升过程中，经常也出现后量低于前量的现象。这说明市场追涨的意愿越来越低，后市很可能会反转下跌，投资者应该逐步减仓。当然也有高度控盘的个股会缩量大涨，需要对主力的持仓量进行评估。

股价从下跌趋势反转向上，平均线系统形成银三角。银三角说明中期趋势走好，是进场的时机。银三角通常会对后市股价形成一个支撑，只要股价不跌回到三角以内，投资者可以继续持股。

银三角形成之后股价很可能回调，股价回调到位后又重新上涨，平均线系统形成金三角。这是对上升行情的再度确认，是非常好的买入时机。

死三角指股价自高位下跌，平均线系统形成尖角朝下的三角形。这说明中期趋势走坏，后市很可能继续下跌，投资者应及时清仓出局。死三角形成后会形成一个压力区，对后市股价上涨将有很大抑制作用。

依据一个 K 线信号来判断股价走势的顶部可能准确性比较差，但如果有多个信号同时出现，则准确性将得到很大提高。多个卖出信号同时出现会产生共振效应，放大影响力，后市下跌的幅度可能更大。

依据一个 K 线信号买入股票也不太可靠，但如果多个信号同时出现，这个底部就具有较高的可信度，是较好的买入时机。多个买入信号一起出现也会产生共振效应，后市股价上涨将更有力度。

股价在上升途中，价格移动平均线、成交量平均线和 MACD 同时金叉，这说明股价走势明显向好，是较好的买入时机。三线金叉会产生共振效应，放大上涨的动力。

股价在下跌途中，价格移动平均线、成交量平均线和 MACD 同时死叉，这说明股价走势明显走坏，是较好的卖出时机。三线死叉会产生共振效应，放大下跌的动力。

EXPMA 指标很难形成金叉，一旦形成则意味着中长期趋势走好，投资者可以放心介入，只要指标不产生死叉就可以一路持有。

第 6 章 利用消息进行短线炒作 ……………………………………（233）

中国股市向来是个投机气氛很浓的市场，从来不缺乏形形色色的消息，这些消息又直接或间接地影响股价的涨跌。利好消息可能导致股价脉冲式暴涨，利空消息可能导致股价自由落体式暴跌。但有时候又恰好相反。这说明利用消息炒股并不是件容易的事，需要我们细心分析消息的实质，同时也需要分析大盘的走势和消息出现之后股价的实际运行态势，不能一概而论，更不能教条主义。

第 *1* 章

从成交量捕捉短线战机

成交量的概念我们讲过很多次，投资者对"量在价先"和"量价配合"等股市俗语也耳熟能详，但未必能真正理解成交量在股价运行中的作用。通常我们说"价涨量升"是良性的配合，但事实上你很难用这种标准去衡量一只股票的涨势是否良好，如果据此做出买卖决定，那更是很难有胜算。普通的成交量对于技术分析并没有多大意义，因为从中不能看出主力的意图，基本可以归结为散户行为，而散户是无论如何也不能主导一只股票的走势的。因此，本书主要针对异常的成交量来做一些粗浅的分析，从中发现短线战机，力求能对投资者有所启发和帮助。

　　这里我们还是先回顾一下成交量的概念。一般来说，成交量就是指在某一时段内具体的交易数量。比如，一只股票在一天内交易了 10 万股，那该股的日成交量就是 10 万股。具体来说就是指当日买方买进了 10 万股，按单边计算，这不同于交易量。

　　一般来说，成交量是不能决定股价的，即两者没有必然的关系。比如，成交量剧烈放大的股票并不一定会大涨或者大跌，而只是盘整。那为什么还要分析成交量呢？原因有很多，我们这里简单介绍一些。首先，成交量是市场供需情况的最直接体现，它反映了投资者对该股的态度。在股票下跌的途中，成交量日渐萎缩，说明投资者参与热情越来越淡，买入的人越来越少，而持股者因为跌幅已大，也越来越不想卖了。相反，在股票上涨的途中，成交量通常会逐渐放大，说明得到了市场人士越来越多的认同，进场的人越来越多，导致成交量逐渐放大。当市场一片沸腾的时候，成交量往往更是达到天量，这时候主力在悄悄潜逃，而散户还在热情高涨，当股价反转向下的时候还蒙在鼓里。其次，我们要认识到股价上涨是需要钱来推动的，并不是价值投资者所说的股价值不值的问题。说得庸俗点就是只要有足够多的钱，你完全可以随心所欲抬高股价，当然能不能跑出来又是另外一回事。假如你是主力，在实际操作中，如果要扭转下跌的趋势，那就需要掌握足够的筹码，就必定要先期买入较多的股票，这必然体现在成交量上。因此，我们经常看到在低位的时候，股价还在小幅下跌或者横盘，但成交量却明显放大，这是主力介入的标志，他们在为后市股价反转打基础。相反，股价在高位放出巨量，则很可能是主力利用利好消息，鼓动散户介入，自己则悄悄逃跑，后市的反转下跌也就成为必然。

　　总之，成交量能给我们提供较多的信息，更有利于对股价走势做出科学的判断。如果撇开成交量来谈股价走势，显然是缘木求鱼。很多人更热衷于技术指标，但如果抛开成交量，单纯靠技术指标做出分析判断，那就是无源之水、无本之木，其可靠性得不到起码的保证。

　　在实际的分析中，我们当然不是单纯看单日的成交量和股票价格就做出判断，而是需要有一个时间段的持续观察。因此我们首先要判断股价的总体位置，这很重要。虽然股价都是上涨的，但在高位和低位的放量就具有完全不同的市场含义。同样，上升途中和下跌途中的缩量也具有明显不同的市场含义。这些我们在后面的篇幅中会提及。

　　因为受篇幅的限制，我们只能挑选一些有代表意义的量价组合形态来分析，侧重成交量的讲述，希望读者能在这些简单的讲述中举一反三，触类旁通。

一、高位天量

高位天量涉及两个概念。

一是股价的位置。高位说明股价前期涨幅较大，一般来说至少上涨了50%。市场基本认同主力介入后在30%左右的上涨幅度是没有钱赚的，因此个股上涨50%才能算起码的高位。在一般的小牛市中，个股上涨100%的也很常见。2009年上半年，上证指数只是翻倍，但很多个股却涨了好几倍。因此我们可以根据大盘和市场总体情况来评估一只股票是否在高位。高位只能是一个相对的概念，不能给一个硬性的参数。

二是天量。这也是一个相对的概念，更多是参照过去的成交量和投资者自己的经验判断。简单点来说，看成交量柱状图比较一下就可以看出来。在低位的时候，成交量极度低迷，如果哪天成交量翻倍，那也只是很小的一个量能，不能称之为天量。相反，在股价高位的时候，成交量逐渐放大，到最后虽然成交量的放大比例不是很大，但柱状图却是"顶天立地"，我们可以称之为天量。

高位天量意味着什么呢？它的市场含义是什么？它对我们投资者有什么指导意义？

个股在主力的推动下，股价逐渐上涨，涨幅越来越大，成交量也明显放大，说明受到越来越多的市场人士的追捧，介入的人越来越多。但事情总是物极必反，主力推动股价上涨的目的最终还是要获利出局。主力要出逃就需要有人接盘，没有大批的散户进场是无论如何做不到这一点。因此我们经常看到，在媒体一片欢呼声中，利好消息不断，刺激着散户争先恐后地进场，根本不管股价是不是已经涨幅很大。而此时也是主力出逃的最佳时机，于是在成交量上也体现出急剧放量，甚至爆出天量。

当主力已经出货得差不多的时候，股价反转的时候就来临了。经验丰富的投资者都知道，天量天价之后下跌的可能性极大。因此，高位天量成为一个减仓甚至清仓的很好信号，投资者可结合其他信号一起使用。

高位天量也有另外的情况，那就是换庄，一个主力出逃，但同时又有另外的主力接盘，这导致未来股价还能大幅上涨。这种情况我们在以后再具体讲述。一般而言，高位天量是需要警惕的，一旦股价反转向下则应立刻清仓出局。

链接：

我 2008 年曾经写过一本关于价量关系的专著《价量技术分析》。

下面我们以实例来对高位天量做进一步的了解和学习。

○ 实战案例 1

如图 1-1 所示，杭钢股份一路上涨，在 8 元上方冲高遇阻，股价快速回落后在 30 日平均线上方获得支撑，股价止跌回稳。2009 年 8 月 12 日该股

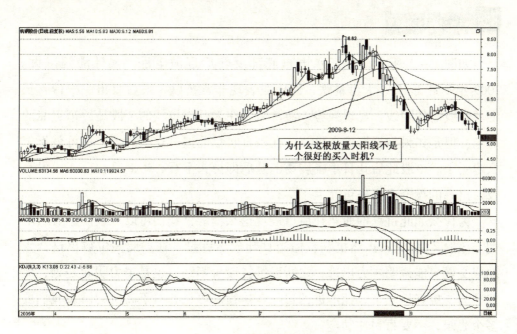

图 1-1　杭钢股份　600126

快速探底后又迅速拉回,最后收出大阳线,同时成交量巨幅放大,形成近几个月的天量,看似做多力量十分强大,当日盘中积极跟进的投资者肯定暗自得意,以为自己在一个适当的时间捡到便宜货。可惜好戏还在后头,次日该股冲高后随即下挫,最后收阴,股价小幅回落。更没想到的是该股此后一步三回头,不知不觉间已经回到 5 元区间,跌幅巨大。没有及时出局的投资者损失可就有点大了。

回过头来看,为什么这根放量大阳线不是一个很好的买入时机?除了股价前期涨幅较大,主力随时都可能出逃外,特别引人注目的就是当日的天量。这么巨大的成交量只能是主力行为。主力意欲何为?建仓?我想没有这么愚蠢的主力,在当时钢铁板块整体低迷的背景下,没有谁会在如此高位做多钢铁。那么只能是出货行为,后市的走势也证明了这一点。

因此,在股价涨幅已大的背景下,任何异常的放量都值得投资者警惕,小心主力拉高出货。投资者可跟随主力逢高减仓。

⚪ 实战案例 2

如图 1 - 2 所示,岷江水电自底部反转后逐波上涨,累计涨幅巨大。2009 年 7 月 29 日,大盘暴跌,但该股表现非常抗跌,最后收出一根带有长上下影线的伪阴线,显现强势。通常认为在大跌中抗跌的个股是后市追涨的对象,但是如果你根据这个思路,在当日收盘前追进这只股票,那可就不怎么聪明了。该股此后几日小幅震荡上升后即掉头下行,短期跌幅巨大,没有及时出逃的投资者损失可就大了。

为什么如此抗跌的股票在后市表现这么糟糕?我们可以从量能上看出端倪。该股 7 月 29 日虽然抗跌,但当日却放出巨量,在如此高位放出这么大的成交量只能说明主力出逃,之所以维持股价不跌,也是主力阴险之处,无非是为了更好地出货,让追进的冒险者接盘。可见,对于高位的巨量我们要多个心眼,不要盲目冲动。

本例高位巨量成为卖出信号,判断的关键是股价的整体位置和突然放出

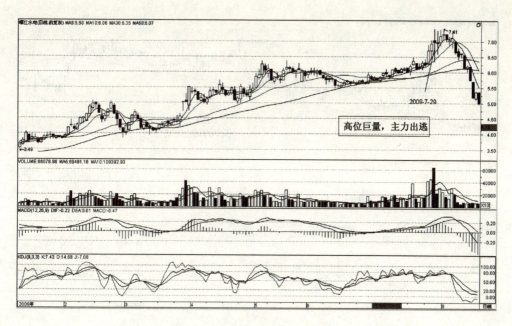

图1-2 岷江水电 600131

的巨大的成交量,其市场含义很可能是主力出货。当然,判断一只股票是否处于高位有一定的难度,事实上很多个股强势之后还能维持强势。我们面对高位天量时还是需要随机应变,像本例中个股高位天量后股价明显滞涨,一旦反转向下要第一时间出局。

○ 实战案例3

如图1-3所示,英特集团前期逐波上涨,看似不温不火,但总体涨幅也已经不小。2009年5月20日,该股大幅高开,盘中股价却剧烈震荡,最后收出一根带较长上下影线的小阳线,同时成交量密集放大,创出自底部反转以来的天量。这是一个危险的信号,如此巨大的成交量必定是主力行为。这时候主力还在建仓吗?我想没人会这么认为。更大的可能是主力趁拉高出逃,否则不会有如此巨大的成交量。投资者此时要做的事情就是跟随主力减仓。后市股价一旦反转向下则应清仓出局。

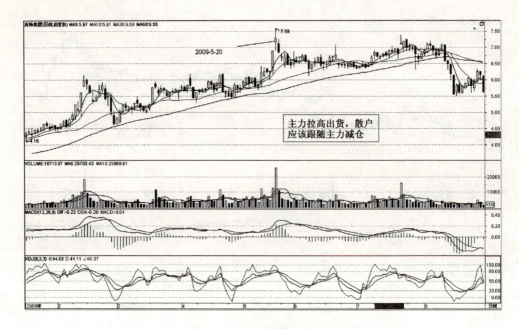

图1-3 英特集团 000411

　　该股次日果然反转下跌，形成一个小型的岛形反转，上升趋势初步被逆转。此后该股虽然还在高位横盘良久，但总体表现疲软，下跌趋势已经形成，最后破位下行也是必然的，因为主力显然已经出逃。

○ 实战案例4

　　如图1-4所示，金宇集团前期大幅上涨后在高位回调整理，形成一个整理三角形。2009年4月28日，该股延续前日涨停的强劲走势，大幅冲高，收出大阳线，当日成交量也巨幅放大，创出上涨以来的天量。这是不是主力积极杀入意欲发动新一轮攻势？我想不能忙于下结论。看起来很好的突击形态往往也是主力精心设置的陷阱。而异常的成交量更值得怀疑，有进就有出，此时主力大资金杀进的可能性有多大，我想投资者应该心中有数。如果还不能判断，我们可以继续观察。该股次日继续放出天量，但冲高后迅速回落，虽然收出小阳线，但实际股价却是下跌，这下应该比较明确，主力毫不

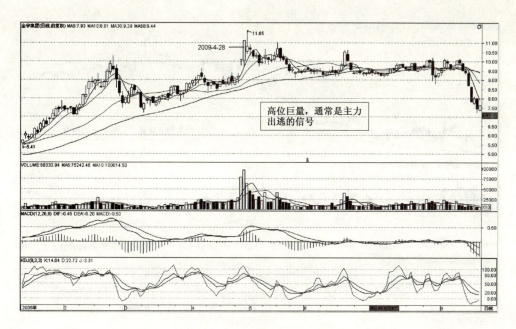

图 1—4　金宇集团　600201

掩饰自己出货，后市情况不妙。

　　该股连续两日放出巨量后果然偃旗息鼓，虽然在 60 日平均线上顽强支撑了很长时间，但终于还是不能改变破位下跌的命运。因此，高位的巨量通常是主力出逃的信号，投资者应跟随出局，而不是抢进，贸然行动必将付出沉重的代价。

○ 实战案例5

　　如图 1—5 所示，重庆啤酒前期缓慢爬升，然后加速上涨。2009 年 3 月 2 日，该股发起猛烈攻势，当日收出大阳线，涨势非常强劲，同时成交量明显放大，创出近几个月的天量，盘中买入积极，做多力量波涛汹涌。

　　这是不是短线买入的良机呢？事实证明需要三思而后行。当然，炒股的人不能事后诸葛亮。当时判断不适合买入的理由之一就是成交量异常放大。我们不能只看见进的，没看见出的。能成交说明有买的就有卖的，这么巨大

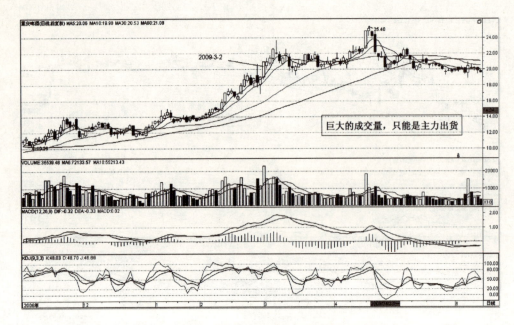

图 1-5　重庆啤酒　600132

的成交量只能是有主力出货。同时，当时的股价涨幅已大，处于加速上升时期，主力才不会在这个位置抢筹呢，除非真是发现了金矿。作为一个普通投资者，还是需要谨慎，不能盲目追高。当然，操作非常敏捷的投资者可以早进早出，收获也还是有，不过这个时机的把握是要相当技术水平的。

该股后市小幅攀升后即陷入长时间的徘徊中，对于短线投资者来说这可不是什么好事。

○ 实战案例6

如图 1-6 所示，哈空调前期大幅上涨，然后在高位宽幅震荡，但可以明显看出上涨无力。2009 年 8 月 6 日，该股盘中大幅上攻，成交量明显放大，但最后还是冲高回落，此时成交量已经是天量。此时的天量意味着什么？主力建仓吗？肯定不是，在如此高位建仓几乎不太可能。即便这只股票够好，也可能需要大幅打压洗盘。因为在此位置积累了太多获利盘，主力洗

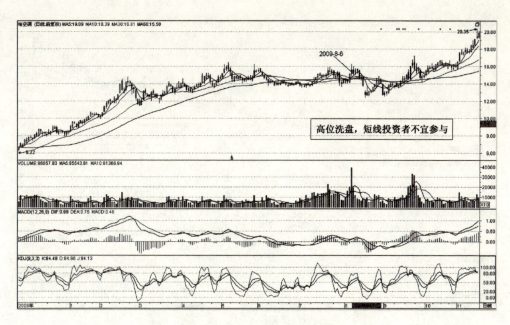

图1-6 哈空调 600202

盘是必需的。

　　该股果然次日即开始大幅下跌，后市更是跌穿中期平均线。短期内该股的跌幅不小，短线投资者是不能承受这么大的跌幅的，因此需要在第一时间出局。至于此后该股创出新高，那也是洗盘调整完毕之后的事。作为短线投资者，通常是不参与主力的洗盘，要再介入也需等待洗盘完毕。

⚫ 实战案例7

　　如图1-7所示，紫江企业触底后开始逐波反弹。三波上涨后，股价走势已明显呈反转走势，均线系统已经由空头排列转为多头排列，60日平均线也由走平转为上升。2009年4月1日，该股延续前日的强劲涨势，当日收于涨停板，但同时成交量也急剧放大，创出几个月来的天量。这是主力出货还是别的行为？

　　从前期的涨幅来说，低位建仓的主力到此时也获利丰厚，完全有出货的

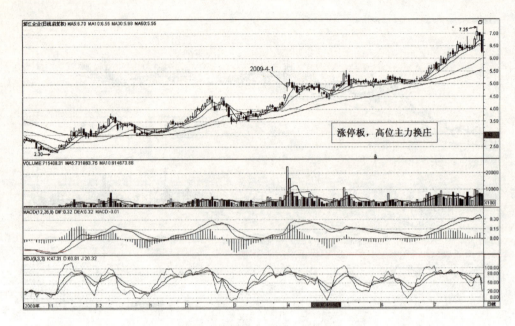

图1-7 紫江企业 600210

可能。但2009年的行情有一定的特殊之处，就是它开始于2008年的暴跌之后，大部分个股都严重超跌，除去超跌的成分，该股的前期上涨幅度并不是很大。另外当时市场正在热炒创业板相关个股，该股就是具有此概念的股票，因此后市仍然值得期待。因此我们首先把它定位为主力高位换庄，短线操作者可以先逢高退出观望。

该股此后进入微调中，股价回调到30日平均线附近止跌回升，投资者可在此时再度介入。该股后市虽然盘整良久，但最后的涨幅也是非常可观的。总而言之，高位也是一个相对的概念，受多种因素制约。如果能判断高位换庄成功，后市还是值得期待的。

○ 实战案例8

如图1-8所示，华升股份前期沿着一条明显的上升通道上涨，虽然波澜不惊，但总体涨幅也不小。2009年8月12日，该股盘中股价飙升，但很快被空头强行打压下去，最后竟然收出一根中阴线，留下长长的上影线，这说明空头势力非常强大，多头几乎没有什么抵抗。同时我们发现成交量密集放大，创出近期的天量，这显然是主力在疯狂出货。不要以为股价没有经过快速拉升就不会见顶，只要获利丰厚，主力一样愿意很爽快地逃跑。

图 1-8　华升股份　600156

该股天量收阴后果然快速反转下跌，短期跌幅甚大，可怜盲目追进的投资者只能在高位站岗。我们一再强调高位的天量需要特别关注，更不能盲目参与。这个案例更能说明主力的阴险，投资者需特别小心。

○ 实战案例9

如图 1-9 所示，德赛电池前期大幅上涨，然后在高位震荡横盘。平均线都黏合在一起，但总体趋势仍未破坏。此后该股加速上行，突破横盘区域，看似要发动新一轮攻击。可惜 2009 年 8 月 7 日该股冲高回落，股价大跌，同时成交量急剧放大，创出半年来的天量。这种天量的意图应该很好判断：盘中股价大幅下挫，成交量密集放大，只能是主力加速出逃，甚至有点不计价格的嫌疑，后市不妙。

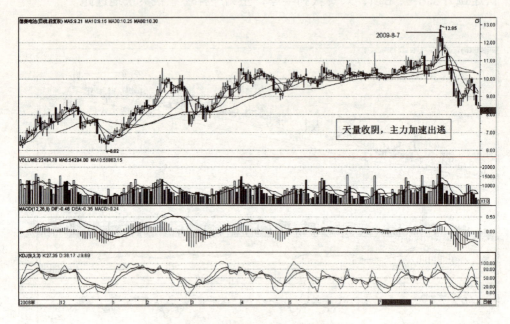

图1-9　德赛电池　000049

该股次日继续下跌，收出中阴线，此后更是加速下跌，短期跌幅巨大。因此这种高位横盘后突然拉升，如果伴随着成交量的急剧放大，很可能是主力拉高出货，投资者可逢高出局，千万不能当作新一轮攻势的开始。特别是本案例天量收阴，散户就更应及时出逃。

二、下跌途中的天量反弹

经历了2008年大跌的投资者都体会到了什么是熊市。但即便是如此大幅度的暴跌，也不是一气呵成的，期间不乏较大幅度的反弹，用市场人士的话来说就是逐浪下跌，说明期间也有上升的浪头。对于短线投资者而言，在大的下跌趋势中做反弹是很常见的事，但要求的技术水准较高，一般很难把握好进出的时机。判断下跌途中的反弹起点和终点的方法有很多，本节将要重点讲述的天量反弹就是一个反弹终点的信号。

在下跌途中，由于股价超跌，进场抢反弹的人逐渐增多，导致股价反弹上行，但大部分人还是心存犹豫，普通投资者更多是观望，只有少量投资者进场，因此通常成交量无法大幅放大。当股价反弹到一定幅度后，获利盘开始蜂拥而出，导致成交量急剧放大，甚至是天量。下跌途中的天量，意味着短线获利的投资者已经开始出局，也预示股价将见顶。这也是我们经常见到下跌途中反弹爆出天量后随即反转下跌的原因。这种情况给了短线投资者一个有效的出局信号。

即便如此，天量反弹也不一定就是出局信号。特别是在大幅下跌后，随着市场的回暖，投资者开始逐渐进场，当主力也加入建仓队伍的时候，可能导致天量。大幅下跌后的天量，不仅不是反弹行情的结束，更可能是反转行情的开始，倒成为较好的买点。下面我们举例来对天量反弹做解读。

◯ 实战案例10

如图1-10所示，泛海建设（现名"泛海控股"）前期大幅上涨，但成交量一直很平常，没有任何异常表现。股价见顶后开始缓慢下跌。2009年8月13日，该股在前两天止跌走平后突然放量大涨，成交量创下近几个月的天量。这是不是说明洗盘完毕，大资金开始进场？不一定。这种在从高位下跌初期的天量反弹也可能是主力在高位没有很好出货，下跌一段后故意放量拉抬股价，吸引散户跟盘，自己则在暗中出货。以主力的成本，在这个价位出货也是大大获利，上当的只能是冲动的散户。该股天量过后第二天即继续下跌，后市跌幅甚大。如果没有及时出逃，追进的投资者可就损失大了。因此这样的天量反弹不能盲目追进。如果追进后股价很快反转下跌，则应立即止损，因为此时主力已经出逃干净了，后市下跌的空间应该很大。

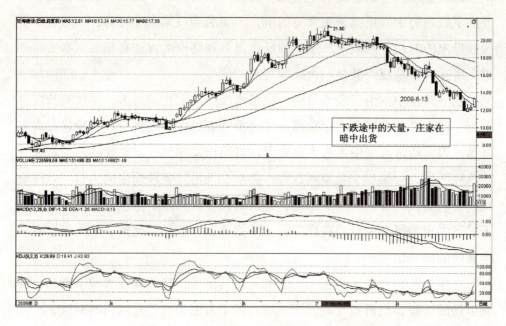

图1-10　泛海建设（泛海控股）　　000046

实战案例11

　　如图1-11所示，中成股份自高位快速下跌，然后在一个位置横盘良久，看似此处有较强的支撑。此后该股展开反弹。2007年12月25日，该股放量大涨，收出大阳线，成交量创下近期天量。这是不是意味着人气重新回来了，市场一致做多？我们且慢下结论。事实上，虽然当时的股价已经跃居

60 日平均线之上，但是总体的下跌趋势并没有改变，60 日平均线还在继续下行，而且此时离前期高位并不远，压力明显，因此不能盲目看多。此时爆出天量值得玩味。天量肯定是主力行为，在这个位置建仓的可能性大，还是借拉高出逃的可能性大？我想这是不言而喻的。除非这个股票真的有质地上的根本改变，否则在如此高位建仓的可能性很小。即便是要看好，也应该是下跌趋势得到根本改变，从技术上来说要过了前期高点，才能初步认定其回归上升趋势，那时再买入不迟。

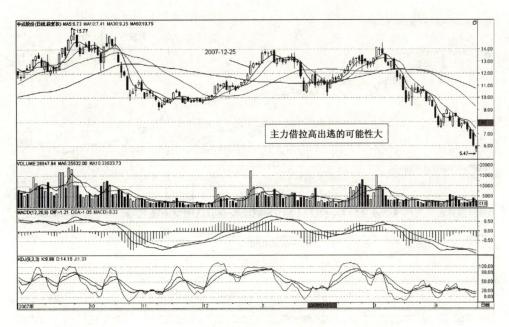

图 1 - 11　中成股份　000151

该股后市果然小幅上升之后重新下跌，前期的高点成为难以逾越的高峰。作为普通投资者最后还是不要轻易赌股价能顺利过前高。

实战案例 12

如图 1 - 12 所示，常山股份自高位逐波下跌，平均线呈明显的空头排列。2008年7月，股价一阵急跌后开始止跌走稳。7月29日，该股突破横盘状态，股价强劲上涨，当天收出大阳线，同时成交量急剧放大，创出近几个月的天量。这是不是主力建仓的标志？从股价前期的跌幅来说，经过如此暴跌，股价确实是已经超跌了，主力突击建仓也不是没有可能。但主力建仓并不代表股价一定会涨。主力也不能随心所欲控制股价，受大盘和突然事件影响而失败的例子随处可见，2008年市场的极度低迷就让很多主力机构灰头土脸。

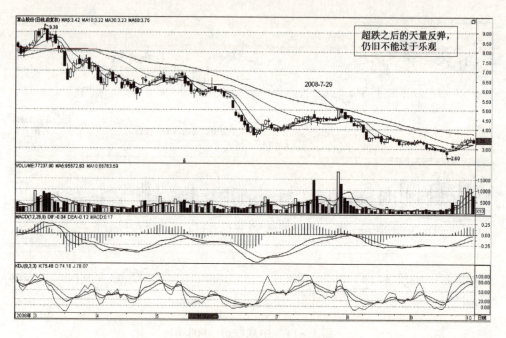

图1-12　常山股份　　000158

　　该股天量大涨后次日即重新下跌，且一路阴跌，股价再度跌去将近一半，可谓惨烈。因此即便是超跌之后，我们还是只能将天量的大涨视为反弹，后市能反弹多高不能过于乐观，同时需要密切跟踪走势，一旦股价再度反转下跌，则应及时止损，不能扩大损失。

○ **实战案例 13**

如图 1－13 所示，潍柴动力处于明显的下跌趋势中，60 日平均线向下倾斜，市场相当疲软，似乎看不到任何希望。2008 年 4 月 30 日，该股大幅低开，但盘中却天翻地覆，股价一路上涨，最后收出一根巨大的阳线，同时成交量急剧放大，创出近几个月的天量。在这样的低位成交量如此暴增，是否意味着主力积极建仓。从盘面看，应该有这种可能。这种天翻地覆的逆转肯定不是散户行为，而且在前期跌幅甚大的情况下割肉也不太能割得出手，因此可以基本判断是主力的建仓行为。不过主力建仓并不一定代表股价就此能反转向上，除了有洗盘的需求，同时也有很多意外的事件会影响股价走势，特别是大盘的变动。

图 1－13   潍柴动力   000338

次日该股即冲高回落，上涨有点乏力，此后更是连续下跌，尽显疲态，说明主力也无力掌控局势。如果说股价在大阳线实体内运行还可以看作震荡

洗盘行为，那股价跌破大阳线的最低价的时候，说明主力也被套了，趋势完全走坏，短线投资者只能割肉走人，后市必定还有更大跌幅。

○ 实战案例14

如图1-14所示，许继电气短线快速拉升后停牌，几个月后复牌，适逢大盘暴跌，该股毫无悬念地连续2天开盘即跌停。第三天，该股打开跌停，同时成交量急剧放大，看似承接盘颇多，盘中股价也有短暂的反弹，但最后还是封住跌停，当日抢反弹的投资者很不幸地被牢牢套住，被上了生动的一课。天量开板并不一定就意味着主力开始介入，很多投资者按惯常的思维进了场，没想到却掉进了主力的陷阱。

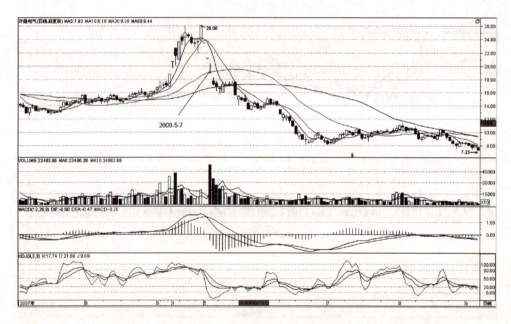

图1-14　许继电气　000400

这种情况值得我们细心研究：为什么天量开板没有导致一个像样的反弹，反而当日很快就再度封住跌停？其原因不难搞明白。该股在停牌期间，大盘已经大幅下挫，个股跌幅达50%的都不少，该股复牌后2个跌停肯定还不够，同时，停牌前介入的主力也还没有机会逃跑。2个跌停后的巨量开板显然是主力的自救行为，也可以说是主力精心设计的陷阱。他们自编自演强势打开跌停，做出反弹之势，吸引短线客抢反弹，等出货出得差不多的时候，再用剩余的筹码砸盘。

总之，面对这种在下跌初期的天量反弹，特别是有补跌需要的个股，投资者千万不能被成交量所迷惑，变成了主力出逃的接棒者。该股此后还跌去了六成以上，可谓惨烈。

◯ 实战案例 15

如图1–15所示，东方市场运行在明显的下跌趋势中，60日平均线呈下行走势。当然，处于下跌趋势不代表股价就没有强劲的反弹。2008年3月初该股就有一段快速的凶猛反弹，可惜2根大阳线后的3月6日该股即冲高

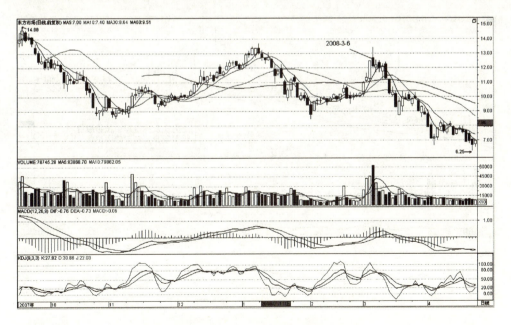

图1–15　东方市场　000301

回落，当日收出一根带很长上影线的小阴线，股价已经回落至前日大阳线的内部，同时成交量大幅放大，是近几个月来的天量。这根天量小阴线的市场含义很明显，就是短线获利丰厚的主力在加速出逃。因为虽然出现几天的大涨，但股价的整体下跌趋势并没有改变，同时又到了前期高点附近，压力重重。主力选择在此位置拉高出逃是很自然的事。

该股天量过后果然重归跌势，股价快速下行，并很快跌破前期的低点，走势更为疲软，后市跌幅巨大。如果你还在幻想当时能冲击前高，股价就此反转向上，那你的如意算盘就是彻底打错了。这种反弹中的天量，无论是收阴还是收阳都值得怀疑，需要密切关注，一旦股价反转就需立刻出逃。

◎ 实战案例 16

如图 1－16 所示，凌钢股份前期大幅上涨，然后自高位反转下跌，股价快速下行，短期跌幅较大，此后终于在 60 日平均线附近获得支撑，横盘数

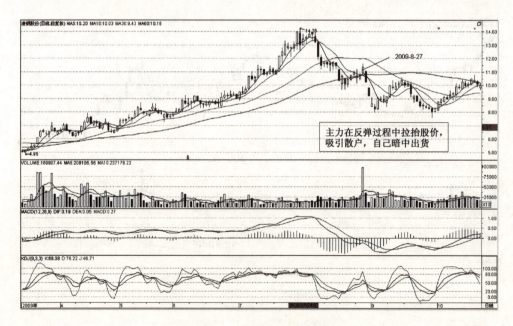

图 1－16　凌钢股份　600231

日后开始小幅反弹。2009 年 8 月 27 日，该股成交量明显出现异常，成交量密集放大，最后创出近几个月来的天量，而当日股价只是小幅上涨，量价严重背离，这就值得怀疑。也就是说，放量大涨才是合理的量价配合状态。结合该股前期上涨基本处于缩量状态，即便是见顶反转向下也没有量能放大，这说明主力仍在里面没有出逃，而在急跌中主力要出货也几乎不可能，那最好的机会就是在反弹过程中拉抬股价，造出放量拉升的姿态，来吸引散户介入，自己则暗中出逃。该股的天量上涨就是这种出货的典型。要不然根本无法解释突然爆出的天量。

该股在天量次日即大幅下挫，此后连跌数日，跌幅巨大，这说明主力在天量中已经成功潜逃。因此，在反弹初期，这种天量反弹是很危险的信号，千万不能盲目介入。

○ 实战案例 17

如图 1－17 所示，金鹰股份前期大幅上涨，然后深度回调，股价大幅回落，在一个位置三度探底后才企稳向上。2009 年 11 月 5 日，该股延续前几天的涨势，盘中继续冲高，但显然受到前期高点的压力，股价没能成功突破前期高点，最后收出小阳线，不过实际股价已经跌破前日的收盘价了，形成所谓的伪阳线。

值得关注的是当日爆出近两个月来的天量，如此大的成交量而股价不涨，且处于前期的重大压力之下，这只能说明主力出货。这有点像短线游资的风格，快速建仓，快速拉升，最后快速出逃。因此投资者也可以跟随主力盘中逢高出局。在这个位置，由于还没有冲过前高，只能按反弹操作，暂时出局不失为一种安全的做法。如果后市股价突破前高，不妨再介入。

该股接下来盘整一周后竟然真突破前高，这好像验证了前面的出局是错误的做法。其实完全不能这样思考。这个位置可上可下，先出局观望，等走势明朗再介入，这样既回避了风险，又能及时赶上下一波的上涨，可以说两全其美，何乐而不为？

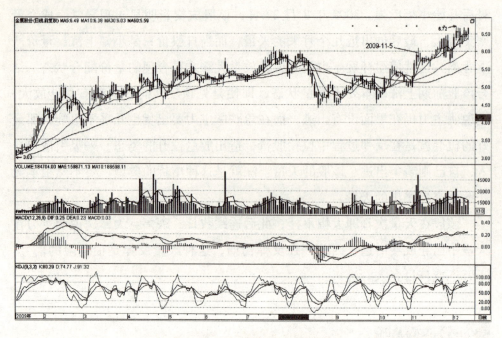

图 1-17　金鹰股份　600232

实战案例 18

　　如图 1-18 所示，云南城投前期大幅上涨，然后快速回调，站稳后有一段小幅的反弹，但此后即陷入横盘中，平均线呈黏合状态，方向不明。2009 年 11 月 24 日，该股大幅上涨，同时成交量巨幅放大，是半年来的最大成交量。这么大的成交量意欲何为？着实令人不好理解。建仓吧，这个价位显然有点高；出货吧，经过前期那么长时间的震荡，获利盘也应该消化得差不多了。因此可以说看不太明白是什么意图，按照不明白的时候就不做的原则，我们可以继续观望。

　　该股天量后次日走平，然后连续两天大幅回调，几乎把前面的天量大阳线吞没了，这让人有点担心，可能有的散户已经扛不住逃跑了。就在大部分人都失望的时候，该股却突然拉起，很快冲过前高，进入新的一轮上涨之中，足见主力的狡猾。不过这也没什么后悔的。这个位置虽有天量上涨，但

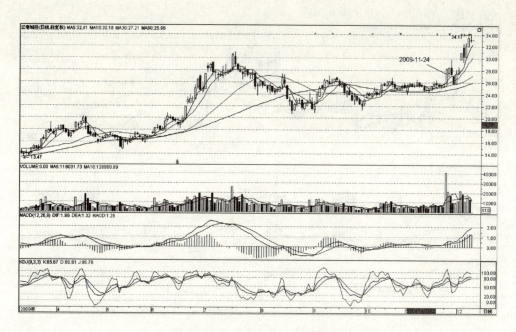

图 1 - 18 云南城投 600239

并不是很好的介入点，毕竟还属于下跌的反弹区间。而股价一旦突破前高位置，倒是比较安全的介入点。

实战案例 19

如图 1 - 19 所示，冠农股份自高位快速下挫，在几波迅猛的跌势后终于企稳反弹。2009 年 10 月 20 日，该股大幅反弹，收出大阳线，同时成交量密集放大，创出半年以来的天量。这是不是主力抄底的表现，此时是跟进的时机吗？我们且慢做出决策，毕竟此时 60 日平均线还处于明显的下行状态，说明中期趋势并没有得到扭转，只能按反弹操作。那么反弹到 60 日平均线附近时就要谨慎，这是一个重要的压力区，聪明的投资者可能会暂时出来，等突破均线的压力再进场。

该股此后果然受到 60 日平均线的压制，股价再度回调。至于后来突破该平均线的压制，那又是另外一种局面了。总之，在大趋势没有改变的情况

图 1-19 冠农股份 600251

下，短线的反弹操作不能因为量能的变化而高看反弹目标。反弹中的天量未必是好事，除非后市能真正反转。

三、低位天量

低位天量与前面讲到的高位天量是相反的概念，市场意义自然不同，最大的原因在于股价所处的位置不同。高位天量很可能是主力出货，而低位天量很可能是主力建仓。

低位通常指股价前期大幅下跌，一般来说要下跌 50% 以上，股价显示严重超跌，股价的投资价值显现。此时有很多有远见的投资者或机构主力开始进场，当这个认识获得越来越多的投资者认同的时候，往往出现抢筹现象，股价快速上升，同时还沉浸在熊市思想中的持股者则开始逢高出局，导致成交量急剧放大，甚至爆出天量。这时候的天量往往是持股的散户出局，而先知先觉的主力则在加速收集筹码。

既然主力都开始进场，那么如果后市大盘配合，股价反转的几率很大。因此低位的天量也成为一个较好的判断股价走势的信号，有经验的投资者会跟随主力进场。

当然，低位的天量不一定是上涨时会产生，有时股价小幅上涨后，主力可能通过对倒来洗盘，这也会导致成交量巨幅放大，具体情况我们会在后面的实例中讲解。

总之，低位的天量通常表明主力进场，后市股价上涨的概率很大，投资者可以伺机进场。即便被套，因为主力已经在里面，所以后市也没有什么风险。

⬤ **实战案例 20**

如图 1－20 所示，香江控股前期长时间无量阴跌，跌幅巨大，股价严重超跌。2008 年 11 月该股终于止跌企稳，开始逐步反弹，同时成交量明显放大。这是市场人气恢复的表现，同时也应该是主力建仓的标志。11 月 13

日，该股继续大幅上涨，同时成交量急剧放大，创出天量。这个位置的天量不太可能是主力出货的表现，因为股价前期已经严重超跌，如今刚开始反弹，没有什么意外的话主力不可能出局。这里的天量更可能是主力拉高建仓，前期的无量阴跌说明主力根本没有机会提前介入，现在趋势反转，只能仓促建仓，而且最好的办法就是拉高建仓，这样可以抢到尽可能多的廉价筹码，同时也可以吓退一些胆小的投资者。

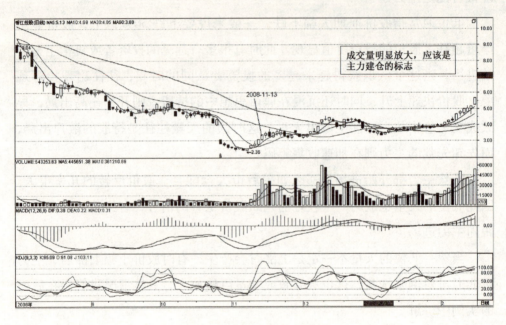

图1-20　香江控股　600162

　　低位天量通常是主力建仓的标志，既然主力都已经进场了，那么我们没有理由不跟随进场。该股此后虽然有几次回调洗盘，但总体向上的趋势一直没有改变，后市涨幅极大。

○ 实战案例21

　　如图1-21所示，太原重工前期逐波下跌，跌幅巨大，到后期已经跌无可跌，成交极度低迷。2008年11月10日该股突然跳空上行，当日收出大阳线，同时成交量急剧放大，创出几个月来的天量。这样异常的放量说明什么呢？股价已经严重超跌，主力在此出局显然不太可能，那只能是主力建仓。因为前期一直地量，可以肯定主力没机会建仓，如今爆出天量，只能是主力抢筹。虽然股价直线拉起，但也足以证明主力进场的决心，很可能就此形成V型反转。市场中主力机构从来都是先知先觉者，既然主力已经突击进场，我们也可以跟随进场。

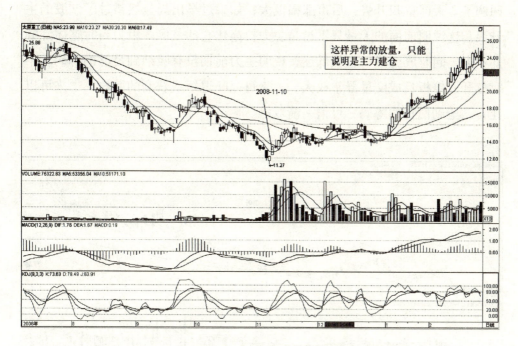

图1-21 太原重工 600169

该股此后持续放量上涨，形成巨大的量能堆积，这更证明主力介入的决心，后市上涨肯定没有多大问题。虽然该股后市有几次短暂的回调洗盘，但上涨趋势已经不可阻挡，整体涨幅巨大。可见低位的天量是投资者进场的较好时机，跟随主力总是胜算更大。

○ **实战案例 22**

如图 1－22 所示，长城开发（现名"深科技"）经过 2008 年的大跌后终于从超跌区反转向上，股价逐波上涨，走势比较平稳，但成交量却一直比较低迷。2009 年 2 月 4 日，该股突然大幅跳空高开，且很快封于涨停板，不过盘中几次开板，同时成交量巨幅放大。通常情况下，这是主力利用涨停板出货的特征，散户是否也要跟随出局规避风险呢？事实上该股此后只是稍微回调了 2 天即重归升势，后市涨幅极大，如果过早出局显然错过了该股的主升浪。这说明前面的天量只不过是主力拉高建仓的伎俩。因为当时整体涨幅并不大，同时成交量一直很低迷，说明主力前期没有吸纳到足够的筹码。不时打开涨停板且成交量异常放大，一来可以吓退短线获利的散户，二来可以让自己捡到便宜的筹码，可谓一箭双雕。

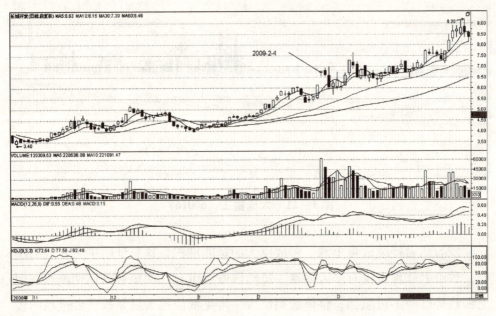

图 1－22　长城开发（深科技）　　000021

因此，低位的天量并不可怕，反而可以借此窥探出主力的意图，即使当时出局，如果很快回稳则可以再度杀入。

○ 实战案例23

　　如图 1 - 23 所示，金发科技前期大幅下跌，股价严重超跌。在低位企稳后有个小幅的反弹，可惜不久又再度下跌；在第二次探底成功后，该股改头换面，开始强劲拉升。2008 年 12 月 4 日，该股高开高走，当日封于涨停板，同时成交量大幅放大，创出近期天量。因为当时股价接近前期高点，这是不是主力出货呢？通常来说在如此低位放出天量，不仅不是出货，而且更可能是主力加速建仓的标志，持股者应握紧筹码，即便后市回调，也完全不必担心。其信心来源就是股价处于明显的低位，刚从超跌区反弹上来，平均线系统呈明显的多头排列，反转已经成立。如果此时出局显然白费了便宜的筹码，让主力偷着乐。

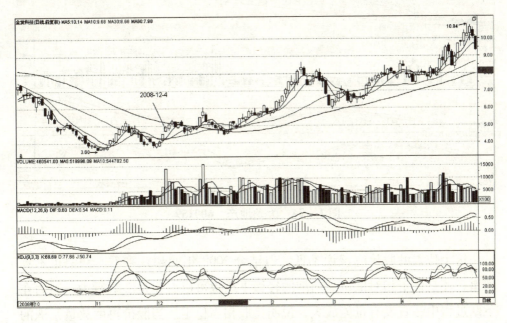

图 1 - 23　金发科技　　600143

○ **实战案例** 24

如图 1-24 所示，大龙地产沿着短期平均线稳健上升，虽然很少暴涨，但涨势也很强劲，平均线呈明显的多头排列，股价基本上在 5 日平均线上运行，很快便翻倍，随后缓慢下行，在一个很小的区间震荡整理。2009 年 6 月 3 日，该股大幅上涨，收出大阳线，同时成交量密集放大，创出近几个月来的天量，次日继续大涨，成交量持续放大，股价一举突破前高的压力，低位天量，平均线就此向上发散，上升空间彻底打开，后市前途无限。

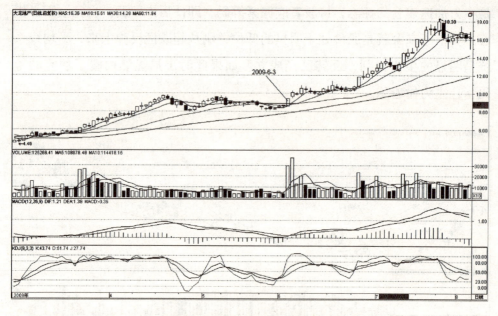

图 1-24　大龙地产　600159

这个位置的股价应该说不低，但结合 2008 年的超跌来看，涨幅也不算离谱，还是处于相对低位。前期的轻微下跌也可以看作是洗盘行为，因为在下跌过程中一直没有量能放大，说明持股相当稳定。当股价再度放量暴涨的时候，说明主力开始发动新一轮攻势了，投资者可积极参与。

○ **实战案例 25**

如图 1 – 25 所示，特力 A 前期极度超跌后终于筑底成功，股价逐步反弹，很快越过 60 日平均线，说明中期趋势向好。2008 年 12 月 3 日，该股跳空上行，全天走势强劲，最后收出大阳线，同时成交量急剧放大，创出近期天量。这个天量大涨的性质应该很好判断：在涨势初期放量大涨通常是主力积极建仓的标志，即便以后有回调，幅度也不会大。因此可以在盘中根据实际情况积极跟进。以后只要不跌破关键位置就可以一路持有股票，等待主力拉升。

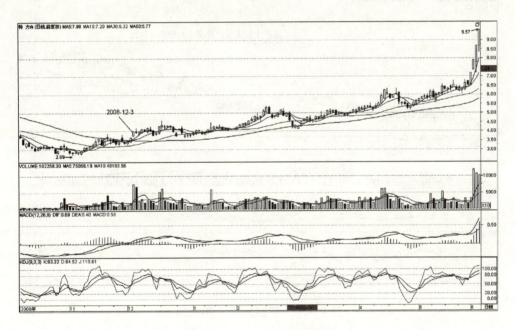

图 1 – 25　特力 A　000025

该股后市经过较长时间缓慢拉升后终于加速上行，涨幅惊人。这也是前期天量建仓后可以预见的走势，只要投资者有足够的耐心，必定能收获到巨大的惊喜。

○ 实战案例26

  如图1-26所示，招商地产自低位逐步上涨，股价终于攀升至60日平均线之上，中期趋势走好，后市应该大有前途。可是该股此后却显露疲态：2008年12月8日，该股盘中剧烈震荡，成交量也同步急剧放大，全天创出天量，可股价只是小幅上涨，并留下较长的上影线，看似放量滞涨，不是好的兆头。该股此后也无力上涨而转为下行，股价很快跌破60日平均线，难道反弹就此夭折？

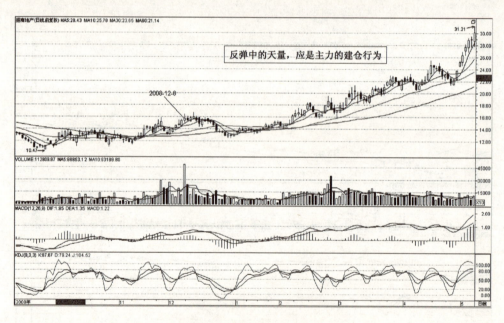

图1-26　招商地产　　000024

  其实观察仔细的投资者就不会太担心。该股虽然跌穿60日平均线，但此后并没有继续下行，而是横盘整理，同时60日平均线也没有跟随下弯，而是继续上行，说明中期趋势并没有走坏。这种下跌应是短期的洗盘行为，投资者可耐心守候，一旦股价止跌企稳则可加码介入。该股此后强劲的上涨也说明前面的天量是主力建仓行为。当然这不是马后炮，判断的依据就是前期大跌后反弹刚开始，股价依然偏低，另外中期趋势转好，没理由这么快就夭折。

○ **实战案例 27**

如图 1 - 27 所示，鲁润股份（现名"永泰能源"）在一波快速拉升后，短线涨幅巨大，股价已经高高在上。此后股价缓慢下跌。2009 年 4 月 9 日，该股突然爆出巨量，但股价并未大幅下跌，最后只是收出小阴线。这样的表现着实让人摸不着头脑，是主力出货还是换庄？

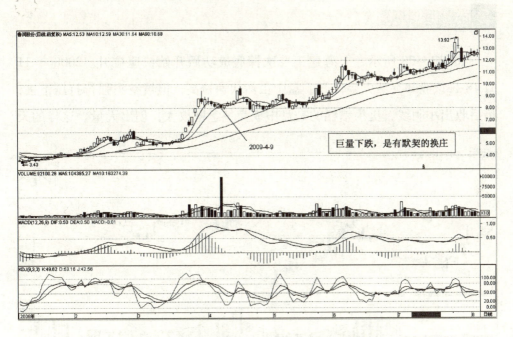

图 1 - 27　鲁润股份（永泰能源）　　600157

该股快速拉升后，股价涨幅确实不小，股价处于相对的高位。但结合 2008 年的超跌背景，总体涨幅并不算离谱，还没反弹到高位的一半，可以定位为中低位，同时，当时大盘正在强劲上涨，市场一片乐观气氛，因此我们觉得只是一波拉抬似乎意犹未尽。另外，该股巨量下跌，但股价却并没有怎么下挫，这不像天量出逃的表现——正常而言，天量打压，股价应该大幅下挫才对。这从另一个角度说明大量的出货有相应的承接盘，更像是换庄，而且是有默契的换庄。如此巨大的成交量下跌自然也把一些获利盘吓出来了，主力无疑一举两得。

该股放出天量后还有一段整理，但跌幅较小；整理完毕后该股以慢牛的姿态上涨，但最后股价仍翻倍有余。可见这种特殊的天量也蕴含着良好的战机。当然，对于这种情况，我们首先得综合评估股价的整体位置：该股虽然短线涨幅比较大，但仍处于整体的低位，巨量跌不下去，自然有机会。

◎ 实战案例 28

如图 1-28 所示，上海建工二次探底成功后开始快速拉升。2008 年 11 月 18 日该股却突然大幅低开，盘中虽然快速拉高，但被空头强行打压下去，最后收出小阴线，更为糟糕的是盘中成交量急剧放大，创出天量。这样的天

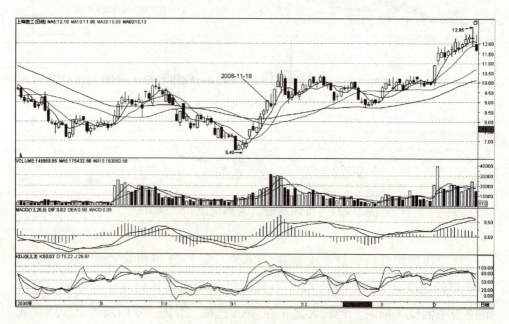

图 1-28　上海建工　600170

量下跌通常很可能是主力出货的表现，短线投资者应该及时出局，可是次日该股却又大幅拉高，收出大阳线，股价创出新高，让前日出局的投资者措手不及。为什么会出现这种异常的走势?

其实认真推敲一下也不难理解。该股二次探底成功，然后快速拉起，虽然短线涨幅较大，但股价整体仍处于低位。主力的大资金不太可能只图这点蝇头小利，因此 11 月 18 日的天量下跌，应该是主力强行洗盘的结果。因为短线快速拉升后积累了较多的获利盘，继续拉升压力必然越来越大，同时，强势洗盘可以把一些不坚定的投资者清洗出局，自己获得更多筹码，可以说一箭双雕。对于普通投资者而言，即便当日被震荡出局，次日大阳线拉回的时候也可以迅速跟进，因为主力此时的意图已经一目了然。

四、回调地量

回调和下跌通常是一对很难分清的概念。一般来说，回调是指中长期趋势仍是上涨的，只是短期股价下跌。如何区分回调还是下跌，这需要结合大盘和个股前期的涨幅来判断。另外，平均线也是一个很好的参照指标：回调的时候短期平均线可能下弯甚至产生死叉，但中长期平均线仍在上行；而下跌时各种平均线都在下滑。

回调地量的产生和市场含义如下：

股价自低位反转后逐渐上升，随着股价的上升，获利盘越来越多，这不利于主力继续拉升，因此洗盘成为必然。洗盘既可以清洗获利的浮筹，让不坚定的投资者出局，也可以提高市场整体的持股成本，为未来主力出货提供方便。对主力而言，回调是有利的，但同样是把双刃剑，因为它也给了投资者很好的进场机会。

对于没有经验的投资者来说，主力洗盘的幅度是很难判断的，早进去可能被套，晚进去可能错失机会。那么这里讲的回调地量就是很好的机会。当股价逐步下跌，恐慌的散户可能会出逃。而随着洗盘的进一步深入，该出局的都已经出局，剩下的是所谓的死多头。而主力自己肯定不会主动交出筹码，因此成交量会明显萎缩，甚至达到地量，这也说明洗无可洗，同时意味着洗盘即将结束。既然洗不下去了，那就表明股价已经到了回调的极点，后市可能随时反转向上，投资者可在此时积极介入，这是很好的坐轿子的机会。

实战案例 29

如图 1-29 所示，全柴动力经过大幅下跌后终于企稳，股价开始放量反弹并很快突破 60 日平均线，反转趋势基本成立，中长线可以看好。60 日平

均线是个分水岭，值得我们关注。通常人们会看半年线，但结合 2008 年的
大幅下跌，我们认为 60 日线更适合参考。

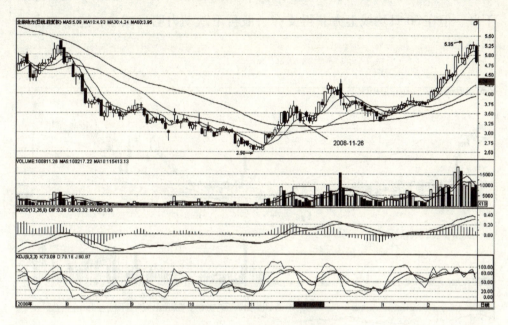

图 1－29　全柴动力　600218

该股在突破 60 日平均线后开始回调，股价缓慢下行，但显然受到 60 日
平均线的有力支撑，股价跌不下去。2008 年 11 月 26 日，该股收出小十字
星，同时成交量极度萎缩，可以说是地量。这说明盘中投资者惜售，几乎没
有卖出的力量，成交量自然极度萎缩。而这也通常是回调到位的标志，投资
者可逢低介入。果然，该股横盘几日后即重新上涨，股价快速拉高，短线获
利丰厚。总之，这种从底部反弹后的第一次回调是比较好的介入机会，介入
的时机可以参考量能的变化，如果近似地量，那通常就是买入的时机。

实战案例 30

如图 1－30 所示，成城股份（现名"＊ST 成城"）经过一年的暴跌后在

2008年年底终于触底反弹。股价快速拉高,很快越过60日平均线,同时60日平均线也逐渐走平,说明中长线趋势走好。但该股股价一直快速拉升,很难找到切入的好时机,我们只能等待。该股急速拉升后终于回落,股价连续下跌,但在60日均线上方获得支撑,股价下跌动力明显减小,连续收出小阴线。

图1－30　成城股份（﹡ST成城）　　600247

2008年12月23日,该股继续小幅下跌,但成交量极度萎缩,可谓地量,这说明盘中已无多少卖出的筹码,持股相当稳定,也预示着回调基本到位,投资者可逢低吸纳。该股次日果然止跌回升,此后虽然还经过较长时间的整理,但股价再没有跌过地量时期的最低价,足见支撑非常强。该股后市大幅上涨,收益可观。因此回调的时候要关注量能的变化,地量通常是介入的较好时机。

○ **实战案例 31**

如图 1 - 31 所示，美罗药业（现名"广汇汽车"）运行在明显的上升趋势中，平均线呈明显的多头排列，股价缓慢逐波上涨，成交量也没有任何异常，走势相当稳健。该股在 4.00 元附近有一个深幅的回调，但在 60 日平均线上方获得支撑。2009 年 3 月 2 日，该股收出小阳线，同时成交量继续萎缩，形成近期的地量。这让人未免有点担心，因为地量反弹通常意味着买盘不足，上涨乏力。但是什么事情都可以从相反的角度来看，股价本来是下跌走势，如今能小幅上涨，虽然上涨不够强劲，但也说明盘中抛压不大，至少多头已经开始占据一定上风，这应该是个很好的苗头，意味着股价回调已经结束，投资者可适当逢低介入。

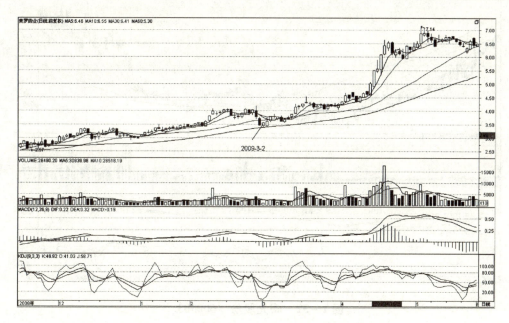

图 1 - 31　美罗药业（广汇汽车）　　600297

该股此后果然再没有下探新低，股价一路上涨，很快越过前高，涨幅巨大。这也说明回调的地量是个较好的买入时机。

○ **实战案例32**

如图 1 –32 所示，曙光股份前期大幅下跌后终于止跌反弹，但反弹一波三折，经过反复争夺后终于越过 60 日平均线，反转趋势基本得以确认。不过磨难还没结束，该股上涨不久即回落，股价甚至跌破 60 日平均线，还好只是轻微跌破，不能算是有效跌破。2008 年 12 月 24 日，该股小幅跌破 60 日平均线，但再无下跌的动力，成交量继续萎缩，可以说是地量，此后几天也是如此，成交量极度低迷。这应该是好事，说明盘中持股相当稳定，几乎没有抛压，股价自然也跌不下去。胆大的投资者可以在地量的时候分批逢低吸纳。

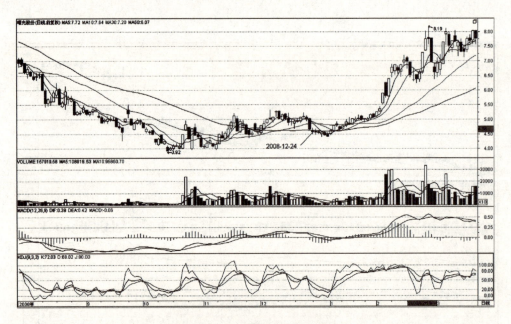

图 1 –32　曙光股份　600303

该股此后很快结束回调，再度上涨，越过前高后更是加速上行，股价涨幅甚大。如果在前期地量回调的时候介入，短线获利相当丰厚。

○ **实战案例 33**

如图 1-33 所示，酒钢宏兴大幅下跌后，股价严重超跌，然后触底反弹。两波反弹后，整体涨幅并不大，此后持续回调，股价跌到 60 日平均线附近才有止跌迹象。2008 年 12 月 31 日，该股在连续横盘后却继续下跌，收出中阴线，预期的反转并没有实现。难道股价反弹确实已经结束？这从股价走势上已经无法找到答案了。好在我们还可以从成交量上找到答案。

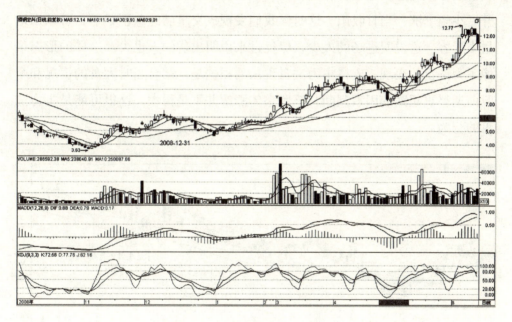

图 1-33　酒钢宏兴　600307

该股在前期两波反弹时，成交量温和放量，这应该是主力逐步建仓的表现。此后股价回调，但成交量明显萎缩，回调到 60 日平均线附近时，成交量极度低迷，几乎天天地量，这说明持股稳定，主力仍在其中。12 月 31 日的破位下行更是蹊跷，当日成交量延续前几天的地量，并没有多少真正的出货。这就让人生疑，主力不出而股价下跌，这只能是洗盘行为。对于这样的

无量回调，我们只有一个选择——逢低吸纳。既然主力都还在里面，散户又有何惧？该股此后很快反转向上，证明了回调到地量的时候是最好的买入时机。

○ 实战案例34

如图1-34所示，黄河旋风经过2008年的大幅下跌后终于反转向上，股价逐步上行。2009年2月底，该股在较大涨幅后形成一个双头模样，然后股价跌穿颈线并快速下行，但在60日平均线上方获得支撑。3月2日该股低开后小幅上涨，当日收阳。这时候我们发现成交量已经急剧萎缩，可以用地量来形容。这说明进场的人少，但反过来说明出货的人也少。这样的形态很像主力洗盘的表现。支持主力洗盘说法的根据是：结合当时大盘的情况和个股前期严重超跌的因素判断，该股整体涨幅并不是很大，这很可能是主力洗盘的行为。

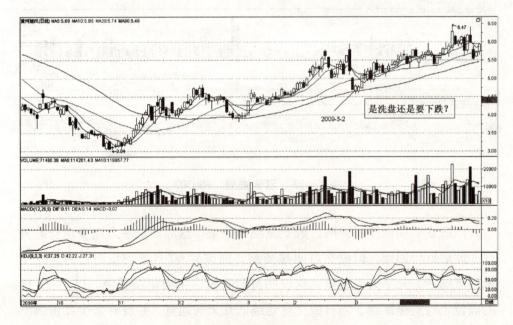

图1-34　黄河旋风　600172

如果你对这是洗盘还是下跌还无法判断，那只能等待股价反转上行（如果有成交量的配合则更好），可以跟随进场。但不管怎么说，回调地量是我们重点关注的对象，一旦股价止跌回稳，就是很好的介入时机。

实战案例 35

如图 1 - 35 所示，国栋建设前期大幅上涨，在高位整理后再度上攻，可惜力度显然不够，刚刚冲过前高即回调。2009 年 4 月 7 日，该股在一根中阴线后收出一根小阳线，同时成交量极度萎缩。按照我们前面的说法，这是回调到位的标志，应该可以跟进做多。该股此后也确实再度上攻，但已经有心无力了，小幅冲高即开始大幅回落。由此可见，这个回调地量的介入时机充满着风险，不够敏锐的投资者很可能会套牢在高位。

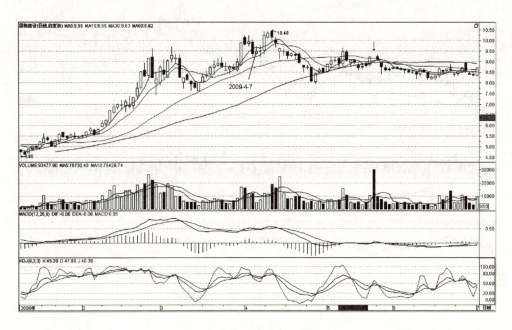

图 1 - 35 国栋建设 600321

这个案例说明对于在高位的回调要小心，可能是诱多陷阱，即便是地量

也不代表主力没有杀跌的动能，只是还未到时机，主力很可能在后面的短暂冲高后潜逃，留下散户在高位接棒。不管任何背景，高位追涨都是比较危险的，投资者应该提高警惕。

○ 实战案例36

如图1-36所示，平高电气经历前期几波上涨后涨幅已大，股价冲高后开始回落，但在60日平均线附近获得支撑，有企稳迹象。2009年8月21日，该股小幅上涨，同时成交量大幅萎缩，近乎地量。这是不是股价开始反弹的标志？通常是可以这样理解，此时介入应该是较好的时机。该股此后也如期反弹，但是一波三折，对于短线操作者来说并不好把握。

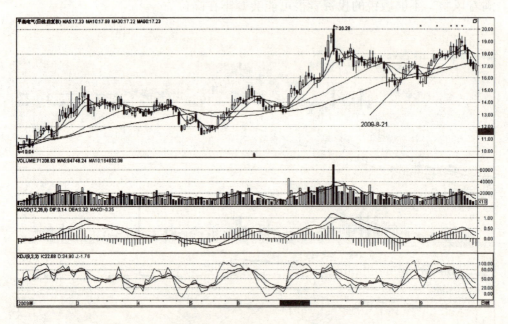

图1-36 平高电气 600312

这个案例说明在股价前期涨幅较大的背景下，即便到了地量回调的时候，也只能按反弹操作，预期不能过高，一旦股价反转需立刻出局。

○ 实战案例 37

如图 1 - 37 所示，振华重工运行在明显的上升趋势中，短线快速拉升后调头下行。2009 年 7 月 30 日，该股在前日大阴线后收出一根小阳线，同时成交量急剧萎缩，近乎地量。这是不是说明回调已经结束，是介入的时机? 我们且慢下这样的结论。在股价前期已经大幅上涨的前提下，任何冒进都可能付出沉重的代价。

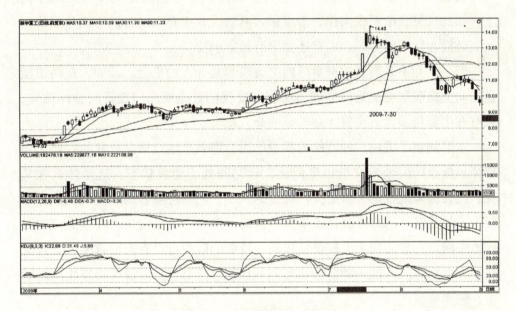

图 1 - 37　振华重工　600320

该股在此后稍有反弹便快速下行，股价跌幅巨大，盲目抢进又没有及时出局的投资者损失惨重。这说明高位的地量回调并不是好事，更多说明主力没有出货干净，趁反弹抓紧出货，一旦出逃完毕，股价就会大幅跳水。因此，我们一再强调高位的这种止跌反弹并不是很好的短线炒作机会，宁愿等待大幅回调，做空量能释放完毕后再介入。这也是为什么股市中有"多看少动"的说法的原因。股价高高在上的时候，风险与收益不成比例，少做是理性的选择。

五、横盘地量

横盘就是股价在一个价格区间平行移动，上涨或者下跌的幅度都不是很大。这是除了上涨和下跌之外的第三种基本走势。通常做短线的人不会参与横盘走势。

横盘意味着股价上涨到一个价位就回落，在下档获得支撑后又反弹向上，如此反复，给短线操作者带来很大麻烦。真正介入的时机应该是股价向上突破横盘区间的时候，通常还要求有量能的支持。

但是，并不是所有的横盘后向上突破都是介入的机会。比如，在高位横盘后向上突破很可能是假突破。这就需要我们首先要评估股价的整体位置，只有在中低位横盘后突破才是较好的介入机会。

本节侧重于关注一种特殊的横盘形态，那就是地量横盘。它的主要形态特征是横盘的时候成交量极度低迷，长时间处于地量状态。这是什么含义呢？就表面来说就是买盘很少，观望的人多，同时持股者也坚定持股，卖盘极少。如此僵持的结果就是市场交易清淡，没有多少成交量。在中低位的时候地量横盘一般表明主力控盘度较高，持股的散户也没有卖出意愿，导致成交量极度低迷。这是一种蓄势状态，一旦蓄势结束，主力很可能快速拉高股价，脱离横盘区域。

市场有句俗语叫"横有多长，竖有多高"，它说的就是股价横盘越久，后市的涨幅就越高。因此地量横盘的个股值得我们关注，在股价结束横盘向上突破的瞬间追进，通常有较大的收获。

当然，我们也不能确保向上突破就是真突破，如果股价很快跌回到横盘区间，则需要止损出局，等待真正的突破。

○ **实战案例38**

如图1-38所示，维维股份经历了前期一波上涨后，进入长时间的横盘整理之中，成交量日渐稀疏。从 2006 年 8 月 7 日到 2006 年 12 月 17 日，4个多月的时间里，该股基本平行运行，平均线均黏合在一起，成交量也持续低迷，基本属于地量。在这不上不下的位置，这么长久的横盘，主力意欲何为？当我们看不清的时候就不要盲动，但这样怪异的走势也值得我们时时关注。2006 年 12 月 18 日，该股终于结束横盘，放量大涨，股价一举突破横盘区域，开始了快速拉升，后市涨幅巨大。

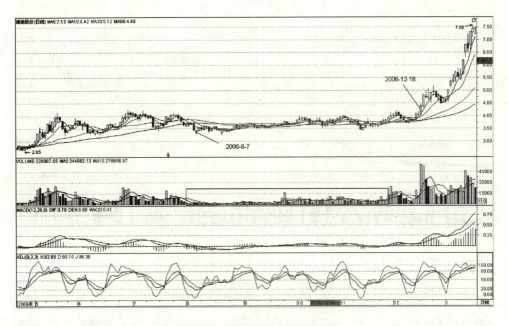

图 1-38　维维股份　600300

对于这种长时间的地量横盘的股票，先期潜伏显然不合适。一是我们还不能判断后市的走向；二是时间成本比较高，有的股票横盘几个月甚至几年，对于做短线的人来说无疑不划算。我们需要密切关注其突破的时日。横盘越久，日后拉升的幅度越大。这种地量横盘的股票不同于地量回调的股票。回调到地量通常是买入的时机，但地量横盘就不能确认何时会拉升，如果介入早了，不但浪费时间，同时也是对持股者耐心的巨大考验。最好的时机就是在结束横盘、放量拉升的时候及时追进，后市必有较大的收获。

对于具体的介入时间，我们还是要看日线图才能明了。如图 1－39 所示，该股在横盘末端开始放量拉升，只是幅度不大，这时候可以适当介入，当股价跃居所有平均线之上时可以加大投入。如果要更稳妥，那就要等股价放量突破横盘区域，这是最安全最明显的时机。2006 年 12 月 18 日，该股放巨量上涨，收出大阳线，股价也一举突破横盘区域的所有高点，上升空间就此打开，这时候投资者可放心大胆介入。该股后市加速拉升，涨幅巨大。这也证明长时间横盘后的股票一旦拉升将会有多么大的能量。

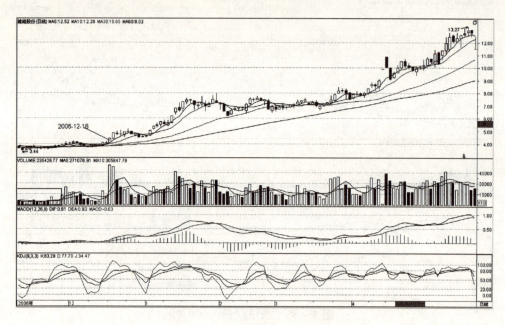

图 1－39　维维股份　600300

○ 实战案例 39

如图 1－40 所示，拓邦股份除权后走势比较疲软，基本在一个狭窄的区间内震荡横盘，交投非常清淡，几乎天天处于地量状态。直到 2008 年 11 月 14 日该股才明显放量上涨，走出长时间的低迷状态。对于这种长期地量横盘的股票，提前介入显然不合适，因为你不能确认横盘到何时结束，甚至横盘后会向上还是向下突破都不知道，风险无疑很大。

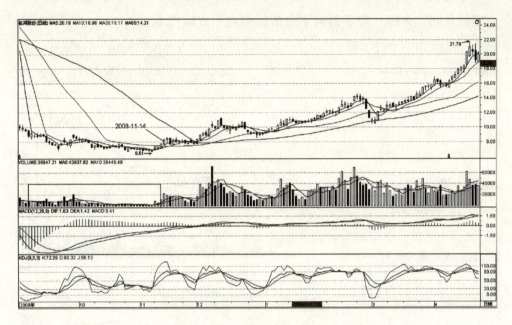

图 1－40　拓邦股份　002139

该股在横盘后期终于放量向上突破，这是介入的较好时机。量能放大、股价上涨说明主力开始介入，而且方向明确，此时介入应该可以收获后市较大的涨幅。一般而言，横盘越久，后市的涨幅也越大，该股后市的涨幅也验证了这一点。

◯ 实战案例 40

如图 1－41 所示，鄂尔多斯在 2006 年 8 月 4 日到 12 月 19 日期间，股价基本处于平行走势中，上下波动的幅度非常有限，同时成交量极度低迷，交投十分清淡，属于市场人士所说的股性非常冷淡的股票。这样的股票自然也很难引起投资者的兴趣。但是当你看到该股后市的巨大涨幅的时候，你就可能会后悔不已，心想还不如早点潜伏在里面。这有点事后诸葛亮的味道，对于短线投资者来说也不合适。首先，你先期潜伏在里面，时间是个问题，要等几年还是几个月，还是几个星期？你有这个耐心吗？其次，横盘的股票不一定就是向上突破，如果是向下突破就偷鸡不成蚀把米。

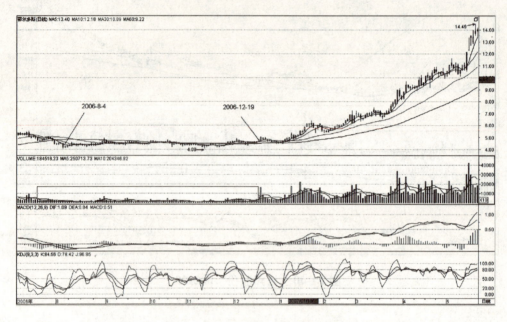

图1－41　鄂尔多斯　600295

对于这种地量横盘的股票，最好的办法就是等待它放量向上突破的时候再介入。成交量放大是主力行动的标志，有成交量的保证后市才有涨升的基础；股价突破横盘区域，说明涨升空间打开，此时介入就等于直接进入到拉升阶段，安全性比较高，方向也非常清楚。

实战案例41

如图1－42所示，三峡新材2005年9月28日跌破60日平均线后开始进入地量状态，到当年第四季度基本是地量横盘，期间很少有量能的放大，股价涨跌的幅度都很小。直到 2006 年 1 月 6 日，该股才放出巨量，股价也同时大幅拉升，明确突破横盘区域，这通常是很好的跟进时机。

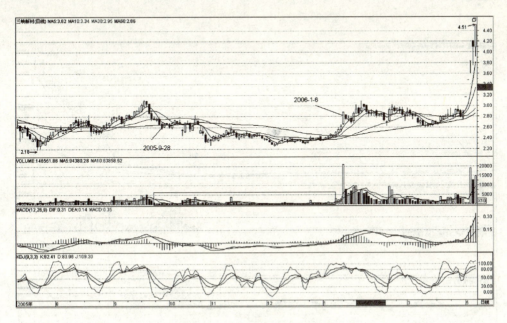

图 1 - 42 三峡新材 600293

　　地量横盘的股票一旦拉起来，通常都有较大的涨幅。可是我们也不能过早介入，那只有等股价突破横盘趋势，后市走势比较明朗的时候再介入。另外就是突破的时候需要有量能的支持，这是主力活动的标志，没有主力参与，个股是很难有作为的。把握好这两个特征，操作这种地量横盘的股票就不会有多大的闪失。

○ 实战案例 42

　　如图 1 - 43 所示，华仪电气在 2004 年 4 月到 2006 年 6 月两年多时间内处于横盘状态，股价上下波动的幅度都很小，成交量也极度低迷，潜伏其中需要坚强的意志。这对做短线的人来说显然不合适，时间成本太高。那么有

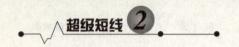

没有什么更好的办法呢？当然有，那就是等股价放量拉升的时候再及时跟进。这个机会需要有心人密切跟踪才能把握，否则一旦拉起来了可能就很难追上。

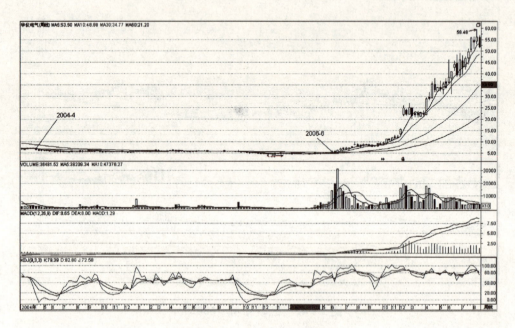

图 1 – 43　华仪电气　600290

在判断股价拉升时要注意两个要点：一是量能要明显放大，能巨量最好，这说明主力开始运作，跟随主力行动总是比较稳妥。二是股价要突破横盘区域，这是一个临界点，过了这个点，说明前期的压力都已经消化，后市上升空间彻底打开，后市大幅上涨就没有多少阻力了。

该股在放量拉升后，股价很快脱离横盘区域，后市涨幅惊人。

◯ 实战案例 43

如图 1 – 44 所示，西水股份在 2004 年 11 月到 2006 年 4 月期间基本处于横盘状态，股价走势略微下移，但总体呈一条平行的带状。在此期间，成交量持续低迷，很少有量能放大，交投十分清淡。这样疲软的股票显然没有多少人有兴趣。但往往是这种长期悄无声息的股票后市会爆发出巨大的能量，涨幅超乎人的想象。

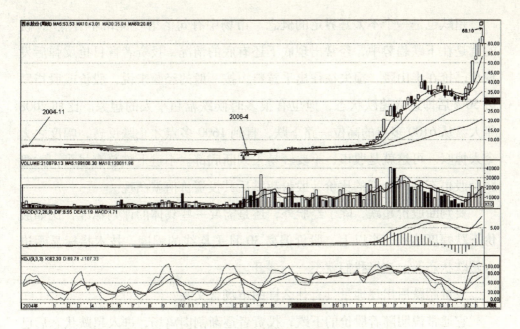

图1－44　西水股份　600291

该股在一年多以后才逐渐有量能放大，不过那时候股价还处于60日平均线之下，还没呈现出牛股特色。这里我们看到的是周线图，具体可以参考日线图。真正的买入点应该是股价突破中长期平均线，或者明显脱离横盘区域的时候，那时候介入是最佳时机。介入后只要能紧紧揣住，相信会有巨大的收获。

六、超跌后地量

超跌也是一个不太好界定的概念。市场中有句俗语"熊市不言底",说的就是在下跌趋势中,经常出现底下还有底的情况,投资者盲目抢反弹后发现自己抢在半山腰,损失往往出乎意料。按一般的经验来说,股价或股指跌去 50% 后即进入超跌状态,但也有很多时候跌幅超乎人的想象。比如 2008 年大盘从 6100 多点的高位一路下跌,直到 1600 多点才止跌反转,幅度之大令人惊叹。可这就是股市,不要轻易去判断底部。不过下跌总有尽头,大盘跟个股也有一个合理的比价,股价超跌后其投资价值就凸现。

要判断股价超跌,除了经验外,还是需要一些具体的评判标准,比如股价下跌幅度达到一半以上,股价偏离 30 日平均线的程度,技术指标显示进入超跌状态等。这里我们就不一一展开。

股价超跌后出现地量具有什么样的市场含义呢?

它通常说明随着股价的下跌,投资者逐渐割肉离场,进入超跌状态后已经没有人再愿意出局,持有股票的人属于那种死多头,而市场因为还处于熊市的低迷中,进场的人也极少,因此整个市场的交易非常清淡,出现地量。简而言之,持股的不想卖,观望的不想买。那么此时是不是买入的时机呢?对于长线投资者来说可以少量介入,但对于短线投资者则不合适。真正的买入时机应该是长时间地量后开始明显放量,同时股价开始上涨,呈现价涨量升的良好形态,那才是介入的时机。如果股价能放量突破重要平均线或关键位置则更好。

这里要提醒的是,长时间地量下跌后的第一次放量,往往不能形成有效的反转走势,倒是第二次放量反弹才是真正的反转,我们可以灵活把握。

实战案例 44

如图 1-45 所示，大恒科技前期处于明显的下跌趋势中，而且是无量空跌，这是最打击人的意志的下跌方式。长时间的地量说明市场参与人气极低，几乎看不到任何转变的迹象，对于这样的股票我们当然要坚决回避。但事情也没有这么绝对，一只股票不可能永远在下跌，这种长期地量下跌，一旦止跌后开始反弹，后市的上涨空间也很大。

图 1-45　大恒科技　600288

本例中该股就是长期地量下挫，股价严重超跌，到 2008 年 11 月初才终于止跌企稳，开始反弹。那么这种长期地量下跌的股票什么时候买入最合适呢？这主要看量能的变化：一旦有成交量的明显放大，说明主力开始入场，如果能持续放量更好；当股价放量拉升的时候，就是短线投资者追进的良好时机。

○ **实战案例 45**

如图 1 – 46 所示，江苏舜天处于明显的下跌趋势中，股价逐波下跌，成交量越来越低迷，大部分时间都处于地量状态。2008 年 9 月 18 日，该股受政策利好消息刺激止跌反弹，此后一周大涨。不过这次大涨只是昙花一现，该股此后重新下跌，成交量再度陷入地量之中。该股真正走好应该是 2008 年 12 月 2 日，当日股价大幅上升，同时成交量密集放大，创出天量，此后量能连续放大，这应该是主力积极建仓的表现。可能有投资者会注意到 9 月 18 日那次上涨中也有一天爆出巨量，可随后即反转下跌，这与 12 月 2 日的巨量有什么区别？

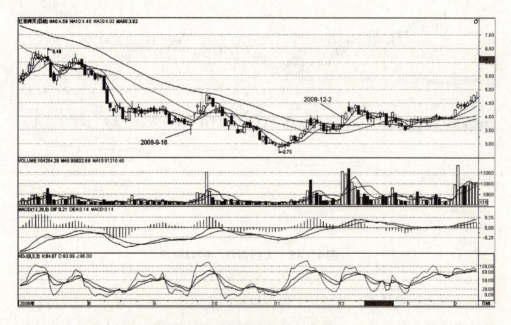

图 1 – 46　江苏舜天　600287

这两者有本质上的区别。第一次巨量是在反弹一段时间后出现的，前面没有放量，说明主力没有进场，到一定的幅度再放量很可能是主力借拉高出局。第二次巨量则是股价反弹到 60 日平均线上方才出现的，股价跃上该平均线通常会被认为中期趋势走好，此时主力进场也就合情合理，而且量能是持续放大，不是单日的异常放量，这也说明主力建仓态度比较坚决，具有持续性。因此，不同背景、不同方式的放量市场含义相差很大。当然，我们这里讨论的是地量下跌后该如何操作，事实上能否进场还是要看量能能否持续放大，如果没有主力积极参与，即便反弹也是昙花一现。

○ 实战案例 46

　　如图 1－47 所示，酒钢宏兴前期大幅下跌。2008 年 9 月 18 日起该股也与其他个股一样享受了几天印花税行情，此后便继续下跌之旅，成交量也更加萎缩，几乎天天处于地量状态中。直到 2008 年 11 月 10 日，该股才开始放量反弹，此后成交量连续放大，股价逐渐攀升，这应该是主力建仓的表现，意味着后市可能就此反转向上，投资者可积极跟进。

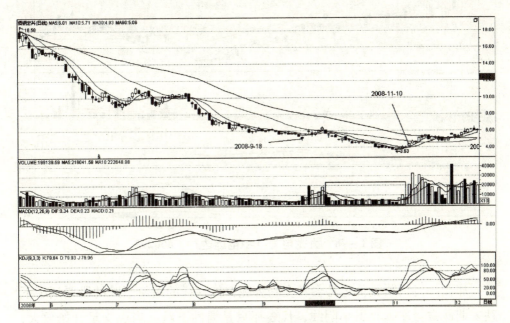

图 1－47　酒钢宏兴　600307

对于这种地量下跌的个股，当股价进入超跌状态后可密切关注，只要量能连续放大，至少有一个较大的反弹，投资者可以适当跟进。

实战案例47

如图1-48所示，九龙电力（现名"中电远达"）2008年跟随大盘大幅下跌，到第四季度呈现无量空跌的状态，每天成交低迷，既说明无人愿意买进，也说明该割肉的都早就割肉走了，留下的都是死猪不怕开水烫的那种——事实上此时割肉已经没有任何意义了。但这样的地量下跌总有个尽头，一只股票总不可能只跌不涨。

图1-48　九龙电力（中电远达）　600292

那么如何判断股价走势会转变趋势呢？像这样的地量下跌的股票到了下跌末期通常会连续收出小阴线，代表那只是惯性下跌。当成交量开始放大，股价同步上涨，说明主力开始介入，预示着股价即将反转。当然，也不是说主力介入就能扭转颓势，这还需要有大盘的配合，如果成交量能持续放大就更可靠。

该股在 2008 年 11 月 10 日开始放量拉升，此后量能持续放大，反转走势基本成立，投资者可以逐步分批介入。

长期地量后的反弹空间通常比较大，投资者可耐心等待，把握机会。

○ 实战案例 48

如图 1 - 49 所示，美罗药业（现名"广汇汽车"）前期也是大幅下挫，成交量越来越稀少，长时间陷入地量状态，交投十分清淡，市场一片悲观。这种下跌最挫伤投资者的热情，因为几乎看不到希望。直到 2008 年 11 月初，该股才止跌企稳，股价开始小幅上涨，量能有所放大。2008 年 11 月 5 日，该股跳空上行，收出中阳线，同时成交量明显放大，投资者可适当介入。此后该股量能持续温和放大，说明主力在积极介入，投资者可以分批跟进。后市该股就此反转，上涨幅度较大。

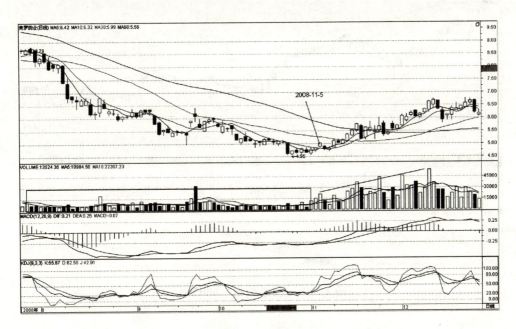

图 1 - 49　美罗药业（广汇汽车）　　600297

事实上，长时间地量下跌后也意味着大底的来临，到股价跌无可跌的时候，多头主力开始介入，同时成交量明显放大，这就很可能是股价反转的时日到了，投资者可以适当跟进。

○ **实战案例49**

如图1-50所示，维维股份逐波下跌，走势非常低迷，同时成交量越来越萎缩，几乎天天地量。2008年6月25日该股止跌反弹，股价大幅上涨，大有逆转之势。可是该股后市一步三回头，略微反弹后即重回跌势。为什么这次超跌后的反弹如此乏力呢？其实原因很简单，就是没有量能的配合，成交量不放大，说明主力没有进场，单纯靠这种超跌后的技术性反弹是没有多大动力的。

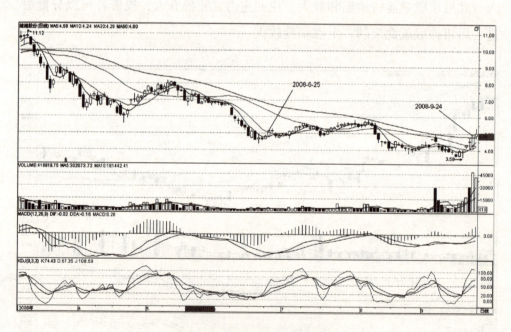

图1-50 维维股份 600300

该股真正有力的反弹发生在2008年9月24日，当日该股巨量上涨，股价跃上60日平均线，反转之势基本确立。事实上在此之前量能就开始持续放大，这毫无疑问是主力行为。既然主力持续建仓，后市反转向上的可能性就极大，此时进场就更可靠。

○ 实战案例50

如图1-51所示，南化股份（现名"＊ST南化"）自高位下跌，短暂反弹后继续下跌，不过到此时已经没有多少做空动能了，只是跟随大盘惯性下挫，因此每天的成交量都极度萎缩，市场交投十分清淡。大幅下跌后，该股终于有止跌迹象，在一个位置横盘。2008年5月13日该股大幅上涨，同时成交量有所放大，看似要反转向上了。此后该股继续上行。2008年5月21日该股延续前日涨势，挑战60日平均线，同时成交量连续2日异常放大，达到天量。一切都看似多头强势反攻，可是该股随后便下挫，继续阴跌之旅，让人很难明白其中原委。

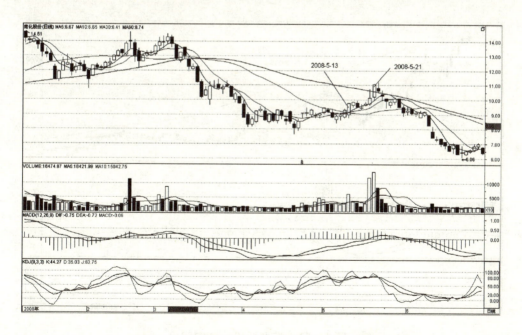

图1-51 南化股份（＊ST南化） 600301

其实这种地量下跌的个股要形成反转之势，必须要有足够的量能支持才行。该股在横盘后的反弹过程中其实并没有多少量能放大，而到反弹顶部的时候异常的量能则更是主力借拉升出逃的表现。也就是说反弹初期要有量能放大，而不是等反弹一段之后再异常放量。这两者的市场含义完全不同。

总之，地量超跌后还不能轻言底部就在眼前，能否反转还要看有没有足够的量能支持。

○ 实战案例51

如图1-52所示，标准股份在下跌途中略微反弹后即继续下跌，这次下跌更为凶猛，股价直线下挫，但成交量持续低迷，可见多头没有任何抵抗。在大幅下跌后股价开始反弹，2008年4月24日该股甚至跳空上涨，最后涨停，看似非常强劲，但也只是反弹到30日平均线附近即止步，此后又继续下跌。2008年6月25日，该股再次反弹，股价越过10日平均线，当日收出

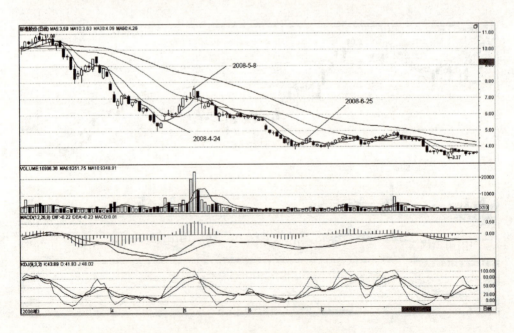

图1-52　标准股份　600302

中阳线，看似短线走势颇强，后市应该还有上涨动力，但没想到次日即止步不前。

本例中，该股两次地量后反弹，但都不理想，而且两次反弹并不相同。第一次反弹量能有所放大，但仍不够，到巨量大涨的时候也意味着到了反弹的顶部。第二次反弹则干脆没有量能放大，这样的地量反弹自然很快夭折。由此可见，并不是所有超跌后的地量反弹都可以参与。

七、后量超前量

这里说的后量超前量是有比较鲜明的条件限制的，不是任何时候的后量超前量都是进场的时机。我们说的条件是股价处于低位，特别是超跌后更好，股价放量反转向上，然后股价回调，回调到位后再度放量上涨，这时候的成交量比前一波上涨的成交量还要大，这才是良好的上升趋势，也是较好的介入时机。

股价自低位反转后逐波上涨，后量超前量说明什么呢？如果说第一次放量上涨是先知先觉者的行为，那么后一次放量则获得了更多的市场认同，介入的力量明显增强。因此第一次放量上涨不太可能有巨大的量能表现，一般是温和放量，体现的是勇敢者的行为，而第二次上涨的放量体现的是主力和散户共同进场的行为，自然成交量比第一次要放大许多。既然如此，也说明市场开始一致看多，由于此时股价还不是很高，后市当然还有较大的涨升空间，此时进场也就比较安全，成功的可能性很大。

不过，任何的信号都不是绝对的，后量超前量理论上是表明市场逐渐形成共同做多的合力，后市上涨应该是大概率事件，但千万不能以为就是百分百的可能，我们还是需要密切跟踪后市走势，做好止损。

○ 实战案例 52

如图 1 - 53 所示，亚盛集团自底部反转后有两波较小的反弹，以前的颓势得到初步扭转，股价跃居 60 日平均线之上，说明中期趋势好转，后市应该还能看好。此后该股回调整理，股价也如期调整到 60 日平均线附近止跌，然后再度上行，股价一举突破前期高点，上升空间彻底打开，后期的上涨我们就不关注了，这里我们要关注的是两个上升高峰的量能变化。

图1-53 亚盛集团 600108

　　该股在下跌末期，成交量持续低迷，几乎天天地量，说明跌无可跌。股价筑底后开始反弹，此时量能也同步放大，说明买盘积极介入，导致量价齐升，这是良性的配合，后市继续上涨就有保证。此后股价回调至60日平均线，这段时间成交量再度回到前期的地量状态，说明卖出甚少，持股相当稳定，这也是很好的状态，但后市能不能上涨还需要看有没有新资金入场。该股回调后再次上涨，此时成交量明显放大，特别是2009年2月3日该股爆出天量，且当日收阴，把一部分投资者吓倒了。但细心的投资者就会发现当日是伪阴线，股价事实上还是上涨的，并留下一个明显的跳空缺口，虽然有点遗憾，但仍不失为强势。此后该股持续放量上涨，总体量能比前期高点放大不小，这说明当时的买盘更为踊跃，市场信心充足，后市继续上涨也是情理之中了。

　　总之，当后一波上涨的量能超过前一波的时候，说明市场对做多的态度更为一致，介入做多的力量更多，后市没理由不看好，投资者也可以跟随入场，分享胜利果实。

○ **实战案例** 53

如图 1-54 所示，长征电气（现名"天成控股"）前期长时间阴跌后终于企稳反弹，股价迅速拉升，很快越过 60 日平均线，长期的跌势得到基本扭转。同时成交量明显放大，说明市场中买盘突然变得踊跃起来，看多的人越来越多。此后该股有个小幅回调，但明显缩量，说明持股比较稳定，惜售明显。回调结束后，该股加速上行，同时成交量大幅放大，2008 年 11 月 28 日更是爆出天量，总体量能比第一波上涨时的量能放大几倍，这一方面说明市场积极看多，买入越来越踊跃，同时也反映主力在积极抢筹，单凭散户是不太可能造出这么大的成交量的。在中长期趋势走好的背景下，散户和主力都积极看多，导致的结果只能是股价的上升，作为普通投资者自然也不能错过这么好的时机。

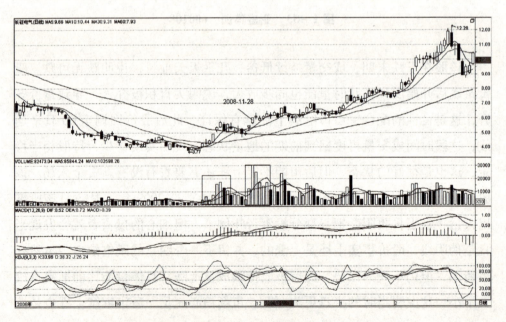

图 1-54　长征电气（天成控股）　　600112

该股此后持续上涨，涨幅巨大，充分体现了 2009 年的小牛市盛宴。我们单从量能的放大就可以做出基本的判断，炒股其实也不难。

○ **实战案例 54**

如图 1-55 所示，西宁特钢触底后开始反弹，同时成交量温和放大，这是较好的量价配合走势。股价越过 60 日平均线后有一个较深的回调，不过成交量明显萎缩，基本可以判断是洗盘行为。2009 年 2 月 4 日，该股脱离平均线的纠缠，大幅上涨，同时成交量明显放大，此后更是持续放量上涨，股价很快越过前高，上涨空间完全打开。后市巨大的涨幅我们暂且不管，先看看前面两波上涨的量能变化。

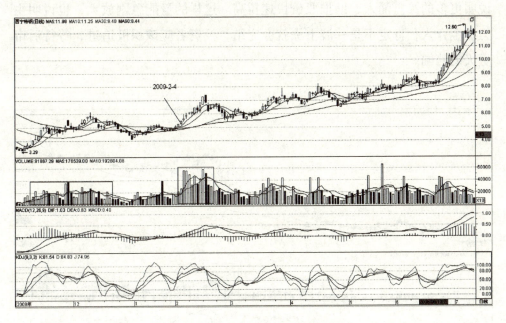

图 1-55　西宁特钢　600117

从图上我们可以清晰地看到第二波上涨的成交量明显大于第一波上涨的成交量，这说明第二波的买盘更为强劲，市场做多气氛浓厚，这样才导致成交量持续放大。如果说第一波上涨还是试探性的介入，那么第二波的上涨则是市场一致看多的结果，主力在这个时候也不得不加入到抢筹的行动中，量能的持续放大也就在情理之中。不过也正因为散户和主力抢筹，才导致后面的洗盘行动，毕竟过多的散户拿到筹码不利于主力拉升。但无论如何，这第二波应该是主力的持仓成本区，我们可以坚定持股，等待主力拉升。

○ 实战案例55

如图1-56所示，辰州矿业（现名"湖南黄金"）自底部反转向上，开始缓慢攀升，平均线系统逐步走好。股价在一波急速拉升后小幅回调，成交量明显萎缩。2009年3月20日该股再度显出牛股特色，放量拉升，收出大阳线，此后量能一直维持在较高水平，总体量能比前一波拉升明显放大，这说明更多的买盘涌入，助推股价快速拉高。这样的量能急剧放大，也说明主力资金介入，肯定不是一波上涨就会完结，投资者应该积极追进，等待后市更大的涨幅。

图1-56 辰州矿业（湖南黄金） 002155

该股后市经过横盘整理后果然再度拉升，总体涨幅巨大。这也说明前期量能的逐波放大是主力积极建仓的标志，后市拉升也就在情理之中了。

我们要善于从量能的变化上推测主力的行为意图，当主力积极进场的时候，紧紧抓住机会，分享胜利果实。

○ 实战案例56

如图1-57所示，莱茵生物是2009年的大牛股之一，我们来看看它的具体走势过程。该股前期像蚂蚁一样缓慢爬升，毫无牛股风范。2009年4月下旬，游资利用甲流概念开始疯狂拉升，短短半个月股价即翻倍，此时成交量也明显放大，说明参与的力量也越来越大。不过因为该股很快涨停，成交量被抑制了，看起来总体的量能并不是那么夸张。回调过后，该股再度拉升，也是连连涨停，此时的成交量比前一波明显放大，这一方面是买入更为踊跃的表现，另外也说明前期的获利盘在趁机出货，但总体上买入显然更为积极，导致股价再度拉升。这种疯狂的拉升当然有很大的风险，一旦反转可

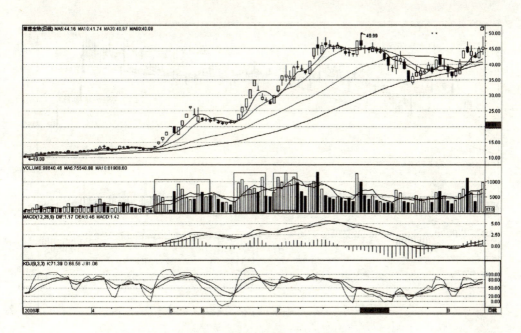

图1-57 莱茵生物 002166

能就是连续的跌停。不过该股在这两波上涨中量能的变化还是相对有节奏的，并没有显出特别的异常。手快的投资者可以适当参与第二波行情，也许可以有意外的收获，万一股价反转则不能恋战。

令人惊异的是，该股经过两波疯狂拉升后还没完。经过短暂回调后，该股继续拉升，此时的成交量比前两次又有所放大，可见人气之旺盛。虽然这次的上涨中间颇有些周折，但最后该股还是拉到近50元的高位，比起启动初期的10元出头，其涨幅令人咂舌。中国的股市疯狂程度由此可见一斑，如此疯狂炒作也难免有监督部门失职的嫌疑。作为普通投资者，也许第二波拉升是最好的介入时机，第三波则风险极大，不参与也罢。

○ 实战案例 57

如图1-58所示，外运发展前期大幅上涨，然后在高位震荡横盘。2009年7月20日，该股放量大涨，收出大阳线，但此后并没有延续大阳

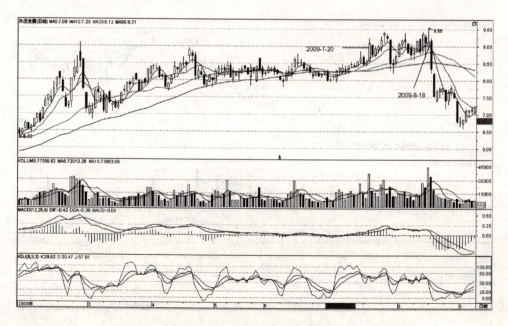

图1-58　外运发展　600270

线的强势，只是小幅冲高即回落。2009 年 8 月 18 日，该股低开后再度冲击新高，盘中股价大幅上涨，但最后只收出小阳线，实际股价跟前日基本持平，只是成交量大幅放大。这两个股价小高峰的成交量完全符合后量超前量的描述。8 月 18 日前后的量比 7 月 20 日前后的量明显放大，按常理后市应该继续上涨，可事实上该股随后却加速下跌，短期跌幅巨大，这是为什么呢？

分析股票技术走势不能忽略股价走势的整体背景，脱离整体的分析往往会南辕北辙，结果相差十万八千里。本例该股也是后量超前量，后市不但没有上涨，反而暴跌，很多投资者盲目追进，导致巨大损失，原因主要就是没有结合股价走势的整体背景来分析。该股出现后量超前量的背景是该股前期已经大幅上涨，在高位震荡后再度拉升往往是主力拉高出货，这样的诱多陷阱应该是非常常见的。另外该股在 8 月 18 日的天量更值得怀疑，如此巨大的成交量却没有使股价大幅上涨，形成明显的量价背离，也可以说是放量滞涨，这应该是主力出货的典型特征。既然主力都已经出逃了，后市下跌就是情理之中的事了。

总之，分析技术走势首先得辨别其所处的股价位置，相同的技术图形在高位和低位的市场含义可能完全相反，本例就是个典型例子，值得投资者警醒。

○ 实战案例 58

如图 1 - 59 所示，浦东建设也是在高位横盘整理后再度放量冲击新高，不过随后即大幅回落调整。2009 年 8 月 14 日，该股盘中股价大幅拉升，但最后被空头打回原形，不过成交量却急剧放大，总体量能比前不久的股价高峰时的量能放大不少，呈现后量超前量的格局。这是主力积极进场的表现吗？我想很少有人会这么认为。且不说 8 月 14 日的放量明显有主力出逃的迹象，光是股价处于如此高位就值得投资者小心提防。主力为了在高位顺利出货，经常在高位刻意做出放量上涨的优美技术图形，诱使散户接盘，该股就是这样一个典型案例，在后量超前量后不涨反跌，让盲目追进的投资者掉进陷阱。

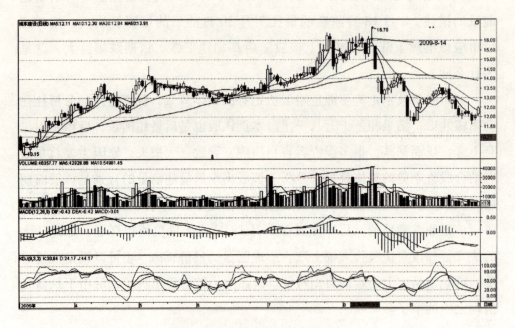

图 1 – 59　浦东建设　600284

后量超前量表示主力积极进场的前提是股价整体涨幅不大，处于相对低位，后市有拉升空间。如果股价已经高高在上，则后量超前量更可能是主力拉高出货，投资者应小心提防。

● 实战案例 59

如图 1 – 60 所示，江特电机前期大幅上涨后在高位横盘整理。2009 年 7 月 31 日该股延续前日大阳线走势，股价轻松突破前高，虽然盘中遭到空头反击，但仍收阳，同时成交量明显放大，比前期头部时的量能要大不少。这应该是主力积极运作的结果，投资者是否可以在此跟进呢？理论上是可以，但因为该股前期已经大幅上涨，高位的突破要小心是多头陷阱，短线抢进的

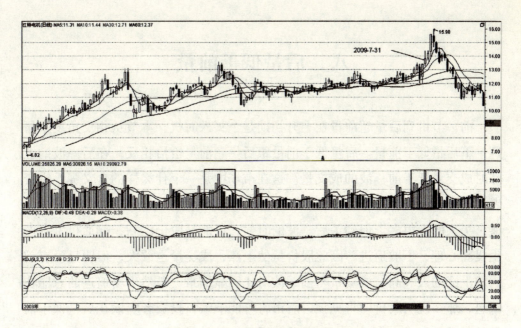

图 1－60　江特电机　002176

投资者应密切跟踪，一旦股价反转则需立刻清仓出局。

　　该股放量突破前高后顺势爬升，但很快反转向下，股价急速下行，跌幅较大。可见高位的后量超前量并不是一个很好的介入机会，老练的投资者可以玩一下，但也只能少量介入，否则一不小心损失就大了。

八、后量低于前量

前一节讲到后量超前量在上升初期是个买入时机，本节从相反角度来研判一下后量低于前量。后量低于前量跟后量超前量恰恰相反，在后一波的上涨时成交量低于前一波的成交量。这在市场中是一个什么样的含义呢？投资者又应该如何操作？前一波上涨的时候成交量明显放大，说明市场人气旺盛，买入的人很多。但到了后一波的时候，可能是股价已高，普通投资者产生畏高心理，不敢追进，因此股价虽然上涨，成交量也放大，但明显没有前一波上涨的人气高，成交量与前一波对比明显缩量。既然市场追进的意愿在减退，那么说明股价即将见顶，后市将可能下跌，投资者应该在后量低于前量的上涨过程中逢高减仓，规避股价反转下跌的风险。

当然我们不能单纯凭借后量低于前量来对股价走势做出评判。事实上，很多个股在上涨过程中成交量明显萎缩，但涨势不减，甚至比其他量价配合很好的股票涨幅更大。这是为什么呢？主要原因在于这种股票显然是主力高度控盘的股票，在前面放量建仓后，筹码已经高度集中在主力手里，他们只动用少量的筹码就可以拉升股价，因此出现了缩量上涨的局面。这种高度控盘的股票在缩量的情况下往往涨幅巨大。因此我们需要结合其他信息来对后量低于前量做出判断。

后量低于前量是卖出信号的一个重要前提就是：股价整体的涨幅很大，累计的获利盘已经很多，市场追高的意愿显然不足，而卖出的意愿却越来越强烈。这种情况预示着后市股价随时可能反转，投资者应该小心持股，虽然股价暂时还能保持上涨，但离反转下跌也已经不远了。

判断股价是否已经到了高位超买区，可以根据技术指标或者股价偏离短期平均线的程度来研判。总之，一旦股价逐波上涨后涨幅已大，出现后量低于前量的情况，我们就可以做好撤退准备，一旦股价反转则应清仓出局。

○ 实战案例 60

如图 1-61 所示，青海华鼎逐波上涨，虽然没有狂风暴雨般的急拉，但总体涨幅也不小。2009 年 7 月初，该股明显滞涨，放量而不能把股价持续推高。股价冲高乏力后回调，在高位横盘多日后，于 7 月 27 日试图再度冲击新高，但只见成交量放大而股价始终无法有效上攻，最后收出小阳线。为什么无法有效突破前高的压制呢？我们从成交量上也可以看出端倪。此次冲击的量能虽然明显放大，但还是远逊于前高处的量能，这说明场中追涨的意愿已经大幅退潮，不能突破前高也就可以理解了。其实即便突破了前高，也可能无法持续多久，涨幅必定有限。因为股价的上涨需要资金的推动，没有更多的买盘是很难推动股价上涨的。

图 1-61 青海华鼎 600243

该股此后如期回落，股价快速下行，短期跌幅比较大。这说明如果没有足够的量能，要突破前高的压力是不太可能的，在这样的重要位置往往不进

则退，投资者应保持足够的警惕，不要贸然赌股价能过前高，量能是我们评判的标准之一。

实战案例 61

如图 1−62 所示，山东如意前期大幅上涨，在一波放量急拉后见顶回落，股价缓慢下行，但在 10 日平均线附近获得支撑，看似依然强劲。2009年 7 月 14 日，该股涨势良好，收出中阳线，看似要挑战新高，但次日即反转下跌，盘整后更是暴跌下去。为什么会这样呢？我们从量能上即可看出原因：该股在 7 月 14 日的上涨中量能始终无法放大，成交稀疏，说明盘中追涨的意愿严重不足，参与的力量极小，这样的上涨又如何能突破前高的压力？

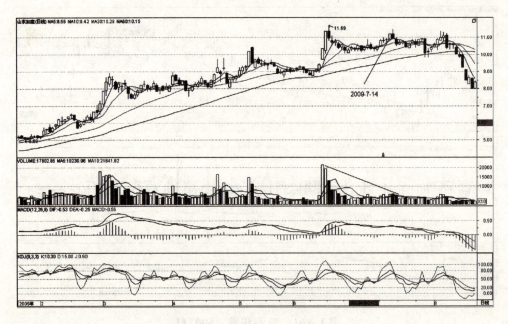

图 1−62　山东如意　002193

究其内在的原因，最简单的说法就是前面的放量拉升也套牢了众多的筹

码，如果要冲过前高，首先就得去解放这些套牢的筹码，没有巨大的量能是
做不到的。因此我们见到高位的缩量拉升应该提高警惕，一旦在关键位置受
阻则需立刻出局。

实战案例62

如图1－63所示，海隆软件（现名"二三四五"）在一波狂风暴雨式的
飙升后回落横盘整理，但总体股价依然高高在上。经过长时间的整理后，该
股再度拉升。2009年7月20日，该股强劲上涨，当日拉出大阳线，挑战前
高的意图看似比较明显，同时成交量也明显放大，这是主力发动新一轮攻势
吗？我们从成交量上就可以发现疑点。该股此次上涨虽然量能明显放大，但
与前面的快速拉升时期的量能相比还是相去甚远，甚至比前一次的反弹都逊
色不少，以这样的量能挑战前高是否能成功，这让人怀疑。

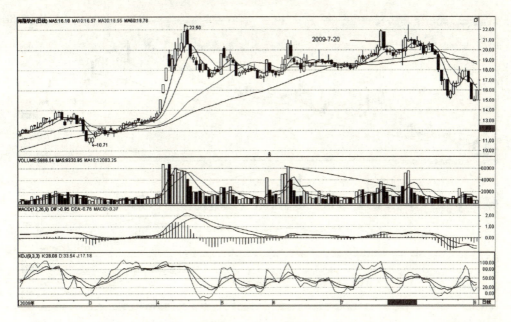

图1－63　海隆软件（二三四五）　　002195

该股次日即大幅回落，一根大阴线把前日大阳线全部吞没，主力的真实意图至此暴露无遗：原来前日的放量拉升不过是刻意做出强攻的姿态，来诱使散户接盘，自己则偷偷开溜。因此，在高位盘整后的这种拉升，如果没有足够的成交量支持，我们还是退避三舍，如果是真牛股，我们就等它过了前高再说。

○ 实战案例63

如图1－64所示，粤传媒在2009年7月中旬突破前高后持续上涨，看似非常强劲。但从成交量上看，我们发现隐藏着风险，那就是股价虽然持续上涨，但成交量却一直比较低迷，比前高附近的量能差很多，呈现价涨量缩的态势。这通常不是良好的量价配合形态，意味着追涨的意愿不足，也可以说是量价背离，离反转不远了。

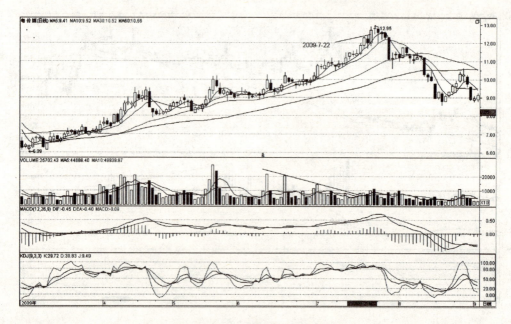

图1－64　粤传媒　002181

2009年7月22日，该股继续大涨，但成交量依然无法放大，这给人一种不踏实的感觉，无量空涨毕竟有表演的意思。果然，该股随后即见顶回落，短期跌幅巨大。因此后量低于前量的突破和拉升通常都没有根基，属于主力的表演，一旦股价反转，跌幅将很大，投资者应在缩量上涨的过程中密切注意走势的反转，及时离场。

⃝ 实战案例64

如图1-65所示，九鼎新材前期缓慢上涨，然后急速拉升，高位反转后迅速回落，在30日平均线附近获得支撑后再度上行。2009年8月21日，该股盘中强劲上涨，意欲挑战新高，但盘中受到空头的有力阻击，挑战失败，收出带长上影线的中阳线。这是冲击新高途中的短暂歇脚，还是多头根本就无力突破前高的压力？我们从成交量上就可以得到初步的答案。该股此次的挑战，虽然成交量有所放大，但比前高处的量能相差甚远，以这样的量能如

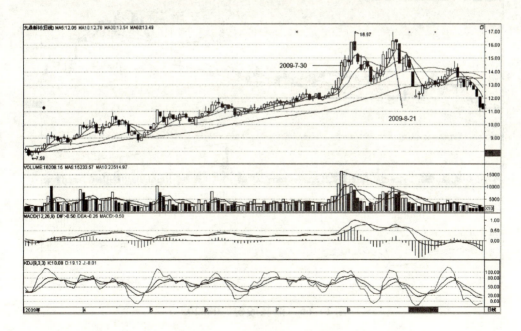

图1-65 九鼎新材 002201

何能成功突破前高的压力？这样的挑战更有可能是主力刻意拉升股价，制造的诱多陷阱，充满着风险。在这样的敏感位置，我们还是观望为妙。

该股次日即反转下跌，后市更是快速下行，跌幅甚大。可见高位的挑战新高，如果没有量能的支持，我们还是不能轻易追进。

实战案例65

如图1-66所示，海亮股份短线快速拉升后，股价已经高高在上，小幅回调整理后，该股再度发起进攻。2009年7月27日，该股盘中大幅上涨，创出新高，可惜遭到空头的有力打击，最后只收出小阳线，这就让人有点担心。其实从量能上我们就可以对后市做出判断：该股此次冲击新高，虽然量能明显放大，但与前高附近的巨大成交量相比，还是相差比较大，这点量能不足以撼动前高的巨大压力，后市并不乐观。

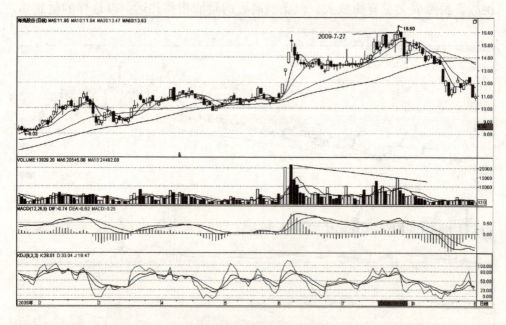

图1-66　海亮股份　002203

该股次日即反转下跌，第三日更是大幅下挫，开始了暴跌之旅。由此可见，这种高位的缺乏量能支持的拉升要十分小心，千万不能盲目追进，即便它能创出新高，也往往是主力的多头陷阱，充满着危险，我们要克制自己的贪婪之心。

○ 实战案例66

如图1-67所示，北京城建触底后急速拉升，短期涨幅较大，同时成交量密集放大，这应该是主力积极建仓的表现，后市行情可期。随后该股小幅回调，在30日平均线附近获得支撑后再度上涨。2009年3月23日，该股放量上行，突破前期高点。本来突破前高是件大好事，但此处突破的时候量能明显低于前高附近的量能，即后量低于前量，这通常表明做多力量不足，后市令人担忧。该股此后果然上涨乏力而回调，不过很快又重新上涨，并且再度创出新高。此后的走势基本沿袭这样的模式，量能不见放大，呈现明显的

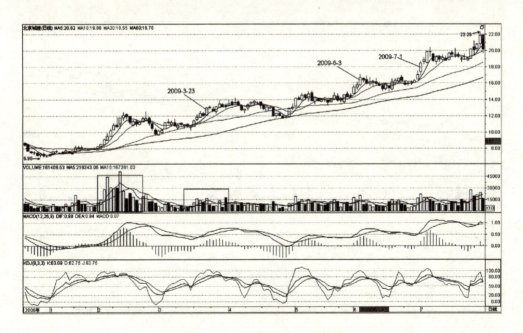

图1-67　北京城建　600266

缩量上涨，但逐波上涨起来也是涨幅巨大。如果在前面后量低于前量的时候出局，那无疑错失了一只牛股。为什么后量低于前量还能大幅上涨呢?

原因不是很复杂，主要是因为该股从超跌区反转向上，多头积极介入导致成交量密集放大。既然主力在此处建仓，中长期走势又没变坏，那主力肯定不会空手而归。此后的缩量上涨只能说明主力前期已经吸纳了足够的筹码，能基本控制盘面的变化，缩量上涨恰恰证明该股已经高度控盘，而不是上涨乏力。因此在上涨初期的个股，只要主力握有足够的筹码，后市并不需要成交量放大即可不断拉升。这样的股票才是真正的牛股，投资者应仔细区分，不要错过机会。

○ 实战案例 67

如图 1－68 所示，中恒集团前期逐波缓步上涨，上升趋势非常明显。2009 年 10 月 13 日，该股放量大涨，收出大阳线，股价轻松突破前期高点。

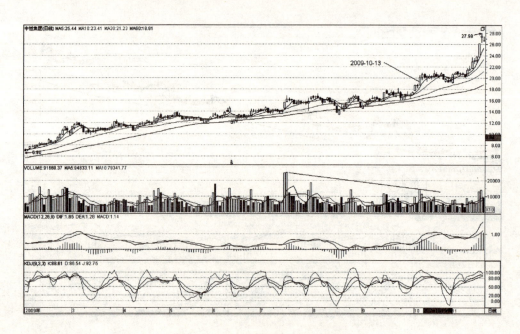

图 1－68　中恒集团　600252

但仔细观察，该股在此时的成交量其实比前高附近的成交量相差甚远，这不禁让人迷惑：这样的突破到底是诱多陷阱还是主力高度控盘？这就需要结合其他情况综合分析了。

从整体涨幅来说，该股前期涨幅并不小，只是没有快速拉升过。从当时的大盘来说也看不出好坏，总体是震荡走势。这就让人很难判断。既然不能判断，那我们可以继续观察。该股突破后并没有持续大涨，而是小幅盘整，股价明显受到前高的支撑，这应该是个好兆头，只要股价不跌回到前期高点之下，我们就可以坚定持股。该股后市果然加速上涨，短期涨幅不小。这也说明后量低于前高并不都是坏事。只要该股前期涨幅不是太大，且没有快速拉升过，我们可倾向于做多。

○ 实战案例68

如图1-69所示，澳洋科技一段快速拉升后在高位横盘整理，时间较

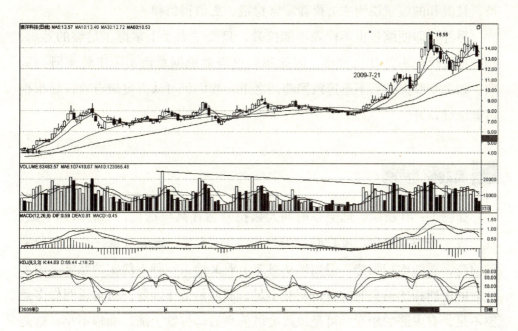

图1-69　澳洋科技　002172

长，且成交量逐渐萎缩，与很多高位出货的股票走势类似。可是该股在横盘末期却并没有下跌，而是迅速往上拉起。2009 年 7 月 21 日，该股放量拉高，收出中阳线，股价轻松越过前高。从成交量看，此时的成交量也大不如前高时的成交量，给人一种虚假上涨的感觉。一般我们都认为上涨需要量能的支持，特别是关键位置的突破更需要量的积累。此处的相对缩量突破看起来并不是好兆头。但令人不解的是该股此后加速上涨，短期涨幅巨大，成交量也没有什么异常之处，这完全否定了我们以前的判断。为什么会这样呢？

这里我们首先要廓清一个概念，那就是量能的统计。我们不能以单日量能的多寡来评判，而应该是累计的量能。本例该股的量能就是典型，虽然 7 月 21 日突破时的量能远比不上前高时单日的量能，但事实上在此前几天就开始放量，累计下来总体的量能并不比前高少。此后该股也是温和放量，保持了一个较高的成交活跃度，总体的量能也不小。这里从软件上看成交量是后量低于前量，但实际上量能还是有所放大，说明这次突破有足够的量能支持，且温和的放量说明主力操盘非常稳定，更值得信赖。

另外，即便缩量也不代表不能拉升，只要主力手上掌握了足够的筹码，想操控股价也不是什么难事。因此我们更需要根据盘面实际走势来研判股票。如果个股突破后不迅速跌回前高之下，我们仍可认为突破有效，后市很可能继续拉升。

● 实战案例 69

如图 1 - 70 所示，远望谷前期大幅拉升后在高位横盘，然后迅速下跌，在形成一个小双底后再度拉升。2009 年 3 月 25 日，该股放量大涨，股价突破前高，看似比较强势。但如果从量能上看又给人一种不踏实的感觉，因为此时的量能相比前高时的量能明显不足，即后量低于前量，通常说明做多意愿不足，有虚涨的嫌疑。可是该股突破前高后却持续上涨，涨幅不小，这是为什么呢？

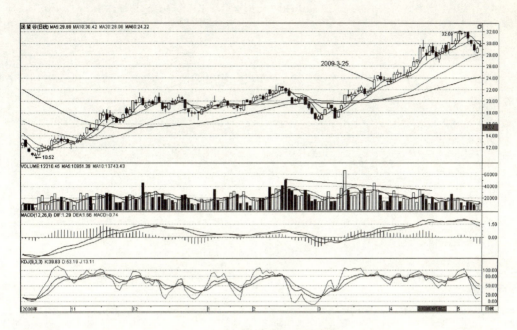

图 1－70 远望谷 002161

这只股票出现后量不如前量的情况但仍能持续上涨，原因是多方面的。一是该股虽然前面涨幅不小，但扣除此前超跌的部分，实际涨幅并不大，这可以从同期个股的涨幅上比较出来，因此该股的价位不算真正的高位。二是该股此前只是一波上涨，上涨幅度虽然大，但很少有股票只一波拉升就结束了。三是该股虽然突破前高时的量能不太够，但在此前形成双底的时候量能大幅放大，这应该是主力积极介入的标志，因此总体的量能比前高还是大很多，后市突破前高持续上涨也就可以理解了。

第 2 章

平均线的短线特殊战法

在本系列丛书《超级短线1》里，我们讲到了不少平均线的短线战法，但主要是基本的使用方法，对入门学习者有所帮助。本章介绍一些平均线的特殊用法，以期对读者朋友有特别的启发。本章提到的银三角、金三角和死三角是一个平均线系统，由三根中短期平均线组成，取值一般为5、10和30，投资者也可以根据自己的需要调整参数。

一、银三角

1. 什么是银三角

银三角是一种平均线系统的特殊交叉形态，在市场中并不少见。银三角通常是指：股价在大幅下跌后开始逐步反弹，随着股价的上涨，平均线也开始由下跌转为上行。先是 5 日平均线向上穿越 10 日平均线形成金叉，然后 5 日平均线与 30 日平均线产生金叉。随着股价的进一步上涨，10 日平均线又与 30 日平均线产生金叉。至此，三个金叉合成一个尖角向上的三角形，就是我们所说的银三角。银三角不仅表示短线走势走强，同时也表明中期趋势走好。因此银三角通常有很强的支撑作用，是上涨趋势的一个重要起点。银三角形成的时候是短线投资者进场的一个比较安全的时机，后市只要股价不跌回三角之内，就可继续持股。

2. 银三角的限制条件

当然并不是任何时候的银三角都是进场的信号，还是有不少的限制条件。

（1）除了不能忽略大盘的因素外，最重要的是看股价的整体位置。通常需要股价已经大幅下跌，股价存在反转向上的基础。如果在下跌初期、中期则可能是短暂的反弹，银三角形成后很可能很快反转下跌。

（2）另外我们要关注平均线系统的整体走势，特别是 30 日平均线也已经开始走平，最好是也开始上行。如果 30 日线还在下行，则可靠性要差很多。

（3）再一个要强调的是需要有量能的支持，银三角的形成过程中应该有明显的量能放大，这样才比较可靠。

银三角引发一段上涨后可能会有较大幅度的回调，而且上涨的幅度通常不是很大，最好的介入时机应该是金三角形成的时候，这个我们在后面会讲。

银三角形成后介入，当股价阶段性见顶后回调，5日平均线与10日平均线形成死叉时，短线投资者可暂时退出观望，等待金三角形成后再重新介入。

○ 实战案例1

　　如图2-1所示，同方股份前期大幅下跌，股价严重超跌。筑底成功后开始反弹上升，2008年11月10日，该股5日平均线与10日平均线形成金叉，这是短线买入的一个机会，但风险比较大。此后一周里，该股股价持续上涨，平均线的格局也发生了很大变化，最后5日平均线与30日平均线形成金叉，然后10日平均线与30日平均线形成金叉，加上前面的一个金叉，组成一个尖角向上的三角形，这就是所谓的银三角，也叫银山谷。

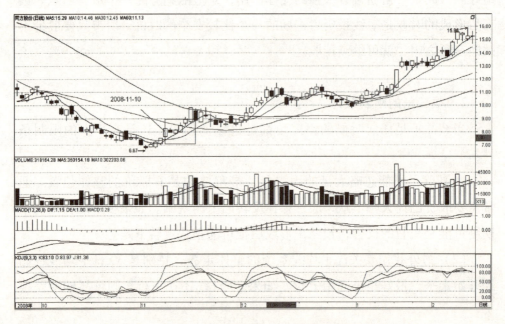

图2-1　同方股份　600100

　　银三角的形成表示股价重心逐渐抬高，近期的买入平均价格高于稍远时期的买入价格，这也意味着买盘积极介入，市场趋向看多，后市继续上涨的可能性极大。因此，银三角形成的时候是买入的安全时机，投资者可适当介入，参与反弹操作。

也许有人提出质疑说，该股银三角形成后股价持续下跌，并不是很好的买入时机。事实上，短暂的回调恰是很好的加码时机，只要股价不跌回到银三角里面，股价的每次轻微回调都是买入的较好时机，这也是市场人士常说的"价托"，有这个支撑才更显示此处的安全性，买入风险自然更小。

○ 实战案例2

如图2－2所示，东方电气在大幅下跌后开始筑底反弹，股价快速上扬。2008年11月10日，该股5日平均线与10日平均线形成金叉，在此后一周多时间里，5日平均线和10日平均线又先后与30日平均线形成金叉，至此银三角形成。投资者可在银三角形成之时积极介入，如果此后股价有小幅回调，只要没有跌回到银三角之内，可以放心继续买入。

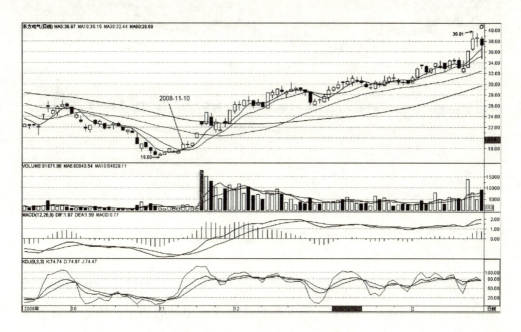

图2－2 东方电气 600875

该股在银三角形成后一路上涨，涨幅巨大，积极杀入的投资者收获丰厚。可见银三角是一个标志性的买入信号，其买入价格可能稍微有点高，但安全性有较高的保证。

○ 实战案例3

如图2-3所示，百大集团前期也是大幅下挫，股价严重超跌。在跌无可跌之后股价绝地反击，经过一周反弹后，平均线系统形成一个小小的银三角，这表明买盘积极介入，买入平均价格上移，市场一致看多，投资者可积极跟进。

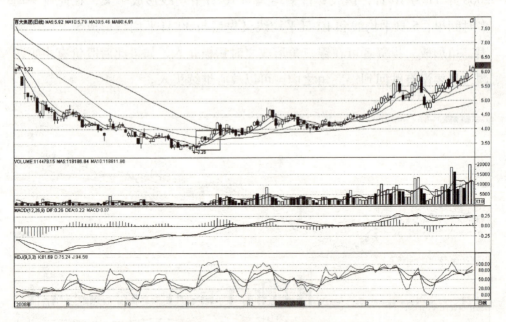

图2-3　百大集团　600865

该股形成银三角后并没有直接往上走，而是陷入横盘之中，连续多日收出阴线，市场气氛依然不好，但我们仔细观察心里就有谱了，因为不管怎么下跌，股价都一直运行在银三角之上，说明股价重心依然没有下移，也证明银三角的支撑作用明显，因此这样的小幅回调是继续买入的良机，投资者大可放心进场。该股此后不久果然开始了上涨，涨幅不小。

○ 实战案例4

如图2-4所示，南京化纤前期大幅下跌，股价严重超跌。经过短暂筑底后，该股开始快速上涨，很快平均线系统形成银三角，这是短线投资者介入的较好时机。此后该股的走势虽然一波三折，但股价始终维持在银三角之上，说明银三角起到很强的支撑作用。只要股价不跌回银三角之内，我们就可以坚定持股。

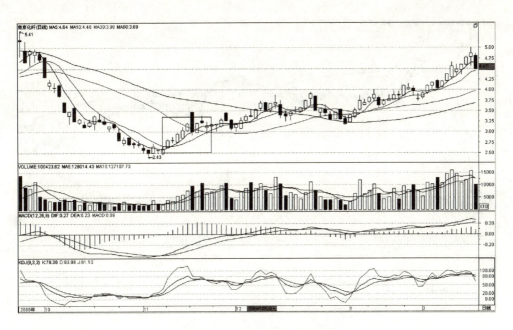

图2-4 南京化纤 600889

为什么对该股的银三角这么有信心呢？主要原因在于该股前期已经严重超跌，股价显然处于低位，此时股价反转向上，处于上涨的初期，风险极小。另外，该股在形成银三角的时候，量能持续放大，这是主力积极建仓的

标志。既然主力都已积极进场了，后市拉升的概率就极大，虽然有波折，但只要主力在就会有自救行为，不容易被套。

○ **实战案例5**

　　如图2-5所示，国投电力自高位下跌，两波下跌后跌幅不小，此后进入较长时间的横盘整理中。横盘结束后股价开始上行，不久平均线系统形成银三角，且成交量略微有所放大，说明做多力量在逐步增强。该股在形成银三角后也如期上涨，但上涨缓慢，此后不久即反转下跌，后市跌幅巨大。这说明前面的银三角是个失败的信号。为什么会失败呢？

图2-5　国投电力　600886

　　这就要观察股价的整体位置和走势。该股自高位下行，虽然跌幅较大，但仍处于相对高位，下跌的动能根本没有释放干净——虽然有过一波下跌，但在大盘还在持续下跌的背景下，显然还远远不够。该股在形成银三角后上涨步履沉重，成交量一再放大，基本也表现出当时的市场心态，因此这样的银三角我们还是要谨慎对待，少量参与，一旦股价反转则需及时清仓出局。

○ 实战案例 6

如图 2 - 6 所示，大成股份（现名"华联矿业"）前期大幅下跌，股价严重超跌。触底后该股快速反弹，平均线系统也随之形成银三角。此后该股虽然有些许回调，但股价一直运行在银三角之上，说明银三角的支撑作用非常强劲。从成交量上看，这次反弹也不同于以往——这次的上涨明显有量能的支持，成交量持续放大，这应该是主力积极建仓的表现。既然主力都已经进场，后市上涨的可能性就很大，我们跟随进场的安全性就较高，即便暂时被套，但有主力在场，后市也不必担心。

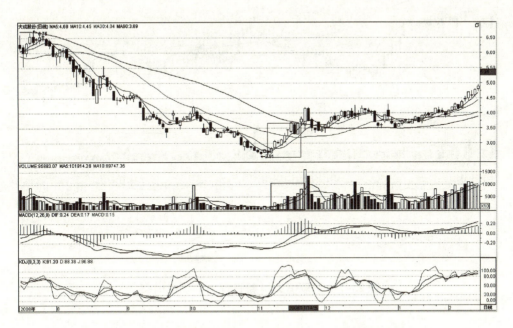

图 2 - 6　大成股份（华联矿业）　　600882

该股形成银三角后也没有直接拉升，经历了较长时间的横盘整理后才逐步上移，但后市总体涨幅较大，这说明在银三角形成后进场应该是个不错的选择。如果银三角有量能的支持则更为可靠。

● 实战案例7

如图2-7所示，宁夏恒力（现名"新日恒力"）运行在明显的下跌趋势中。2008年8月底到9月初，该股继续筑底，股价持续横盘，似乎跌不下去。2008年9月12日，该股小幅上涨，此时5日平均线与10日平均线产生金叉，随后不久平均线系统形成银三角，看似股价反弹走势形成，后市应该有较大涨幅。可是该股此后不久即再度下行，跌幅巨大，让人大失所望。

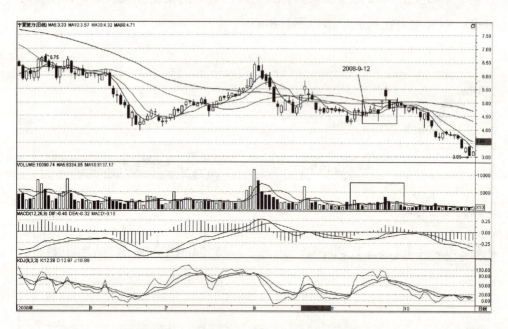

图2-7 宁夏恒力（新日恒力）　　600165

为什么这个银三角这么快就失败了呢？主要原因在于该股在银三角形成过程中始终没有量能支持，股价反弹缺乏基础。主力不进场，要有个像样的反弹几乎是不可能的。可见，不是任何银三角都意味着反弹开始，也有很多假象。如果没有量能的持续放大，这样的银三角我们还需要进一步观察，不能盲目参与。

◯ 实战案例 8

如图 2 - 8 所示，同方股份自高位快速下跌，跌幅不小，此后形成一个小双底，股价缓慢上行。2008 年 7 月初，平均线系统形成银三角。这通常是买入的较好时机，而且此前股价已经大幅下跌，算进入低价区了，买入应该不算冒险。但是即便具备了买入的条件，我们进场后还是要小心跟踪。

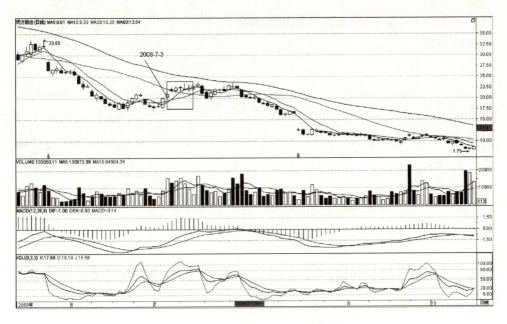

图 2 - 8   同方股份   600100

该股在银三角形成后并没有继续上涨，股价很快跌回银三角之内，此后更是继续下跌，股价一路下行，跌幅巨大，让我们见识了一下什么叫"熊市不言底"。这个例子给我们的教训就是：即便出现了可靠的买入机会，也需要时刻关注走势变化情况。本例中银三角出现后买入并没多大错误，但如果

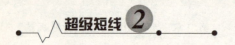
股价很快跌回银三角之内则需要立刻止损出局，不能傻傻观望。

○ 实战案例9

如图2-9所示，长征电气（现名"天成控股"）2008年跟随大盘暴跌，股价严重超跌，直到年底触底后才开始反弹。2008年11月10日，该股拉出中阳线，吹响了反攻的号角，同时5日平均线与10日平均线形成金叉。此后随着股价的上涨，5日平均线与30日平均线形成金叉，10日平均线与30日平均线形成金叉。至此，银三角形成，这是涨势初步确认的标志，投资者可适当介入。因为该股处于超跌区，股价相当低廉，而且银三角形成的时候成交量明显放大，说明主力在积极收集廉价筹码，所以，我们跟随进场的安全性就很高。

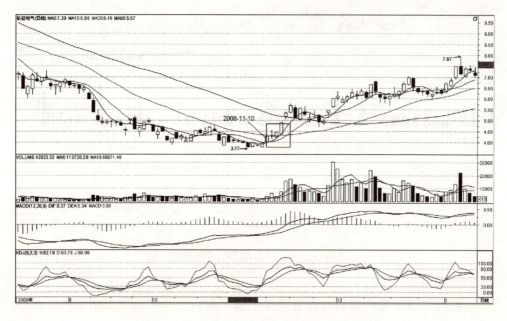

图2-9　长征电气（天成控股）　600112

该股银三角形成后稍有波折，但即使回调也没有跌回到银三角之内，说明支撑足够强劲。此后该股逐波上涨，后市涨幅巨大，坚定持股的投资者应该收获颇丰。可见，这种在低位的银三角是比较好的进场机会，如果没有及时介入，可等回调的时候买入，只要股价不再回到银三角内，我们就可以继续逢低买入。

二、金三角

上一节我们讲到银三角，本节讲一讲金三角。金比银贵重，自然金三角比银三角更好。金三角不仅比银三角更安全，而且金三角后的涨幅通常比银三角后要大，涨速更快。

金三角是建立在银三角之上的平均线系统形态。只有前面已经产生过银三角，后面的平均线三角形才可能是金三角。金三角也是 5 日平均线、10 日平均线和 30 日平均线先后产生金叉后组成的尖角向上的三角形。它的形成过程是：银三角形成后股价经过一段时间的上涨，然后大幅回调，回调到位后平均线系统重新上行，最后再度形成一个三角形。如果说银三角是趋势反转的信号的话，那么金三角则是对上升趋势的进一步确认，它往往意味着主力建仓完毕，进入快速拉升的主升浪，此时进场更为安全，收获也更大。

金三角形成的位置通常比银三角的位置略高，也可以平行，但低于银三角则不行。金三角的额外条件没有银三角那么多，特别是成交量不需要一定比银三角的时候大。当然，做短线一定需要大盘走势良好作为背景，而且个股股价涨幅不能太大，这样安全性才高。

◯ 实战案例 10

如图 2 - 10 所示，东湖高新大幅下跌后开始反弹，平均线系统走出一个银三角，这是短线买入的一个时机。不过当时市场还沉浸在熊市思维中，股价小幅上涨后即大幅回落，甚至打穿了 60 日平均线。此后该股止跌回升，股价持续上涨，5 日平均线先后与 10 日平均线和 30 日平均线形成金叉。2009 年 1 月 22 日，该股小幅上涨，10 日平均线也与 30 日平均线形成金叉。以上三个金叉合成一个类似银三角的三角形，因为它后于银三角，我们称之为金三角。金比银珍贵，金三角同样也比银三角珍贵——因为金三角更可靠，是中期趋势走好的标志。该股金三角形成时，60 日平均线也由走平转为上移，从另一面证明了中期趋势开始向好。在形成金三角时买入安全系数比较高，后市上涨空间也比较大，因此市场一般更青睐金三角。

图 2 – 10　东湖高新　600133

该股形成金三角后股价持续上涨，总体涨幅较大，如果在金三角形成后进场，无疑收获巨大。对于这样的市场机会，普通投资者也可以很容易抓住。

○ 实战案例 11

如图 2 – 11 所示，维科精华前期无量阴跌，跌幅巨大，惨不忍睹。2008年年底，该股终于见底反弹，股价快速拉高，同时成交量有所放大，不久，银三角形成。这是部分建仓的良机，但安全性还不是很高。经过两波拉升后，该股大幅回调，在 60 日平均线上方获得支撑后再度反转上行。2009 年

1月9日，该股小幅上涨，5日平均线与10日平均线再度形成金叉，这是走势趋强的表现，投资者可密切关注。此后不久，金三角正式形成，投资者可放心进场。虽然该股之后还整理了几天，但股价基本在金三角之上运行，可见支撑比较强，投资者可放心持股。

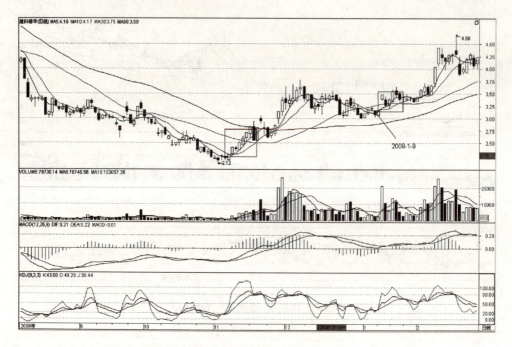

图 2－11　维科精华　600152

该股此后逐波上涨，涨幅巨大，可见金三角是个可靠的买入点。此时中长期趋势已经明显走好，后市继续上涨只是时间问题。

○ 实战案例12

如图 2－12 所示，兴发集团前期大幅下跌后终于止跌回升，股价快速上升，平均线系统形成银三角，胆大的投资者可以适当介入。不过该股银三角形成后上涨不多即回调整理。整理结束后该股再度快速拉升。2009 年 1 月

14日，该股收出大阳线，同时金三角形成，这是非常好的介入机会。从K线上看，阳夹阴的组合也是非常强势的形态。如果还不放心，我们可以看到60日平均线也开始上移，平均线系统呈多头排列，说明中长期趋势走好，后市应该无忧。如此众多的买入信号共振，买入的安全性自然很高，投资者可放心进场。

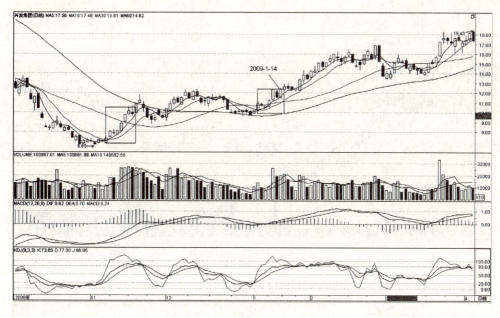

图2－12　兴发集团　600141

该股金三角形成后股价持续上涨，虽偶有回调，但上涨的总体趋势并未改变，如果坚定持股，收获颇为丰厚。可见金三角是投资者的聚宝盆，应该好好把握机会。

○ 实战案例13

如图2－13所示，航天机电前期大幅下跌，止跌后开始快速回升，平均线系统走出银三角，激进的投资者可部分参与。银三角形成后，该股稍微整理了一下就开始了第二波拉升，不过涨幅不是很大，然后进入较长时间的整理中，在 60 日平均线附近获得支撑后再度上攻。2009 年 1 月 7 日，该股放量大涨，收出大阳线，5 日平均线再度与 10 日平均线形成金叉。此后 5 日平均线与 30 日平均线形成金叉，接着 10 日平均线与 30 日平均线形成金叉。至此金三角正式形成，是投资者介入的极佳时机。因为此时股价整体涨幅不大，处于上升初期，同时中长期趋势刚走好，后市无忧。

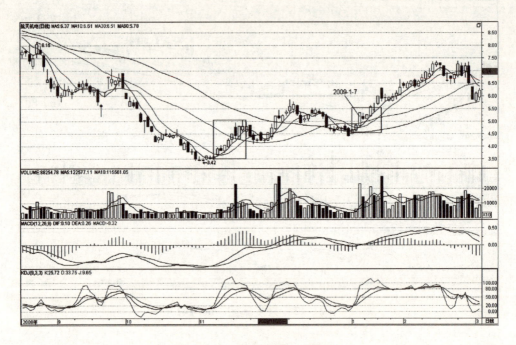

图 2-13   航天机电   600151

该股金三角形成后逐波上涨，后市总体涨幅较大，投资者如果能坚定持股，收获颇丰。

实战案例 14

如图 2-14 所示，方大炭素 2008 年大幅下跌后终于在年底止跌反弹，股价快速上行，平均线系统很快形成一个银三角，通常这是短线投资者进场的一个较好时机。该股冲过 60 日平均线后有一个较长时间的回调整理，但股价始终在 60 日平均线之上运行，这说明中期向上趋势没有改变，投资者可放心持股。2009 年 1 月 5 日，该股再度放量上行，连涨 3 天后平均线系统形成一个新的三角形，即所谓的金三角，这预示着股价中长期趋势向好，投资者可积极进场。

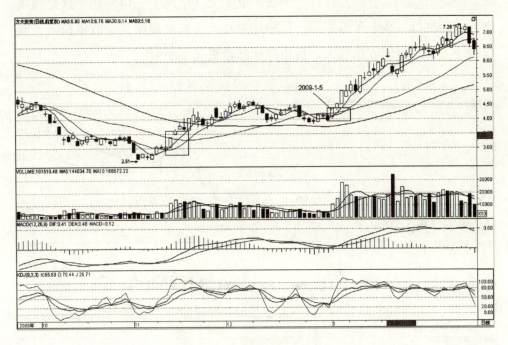

图 2 – 14　方大炭素　600516

金三角能否成立不仅要看股价的整体位置，同时也要看成交量的配合。该股回调完毕后形成金三角的过程中，量能持续放大，甚至比银三角的时候量能还要大很多，这是市场更看好后市的表现。而且这么大量能也只能是主力积极参与的结果，后市继续上涨没有多少悬念，投资者此时追进的风险应该极小。

○ **实战案例 15**

　　如图 2-15 所示，黄河旋风前期暴跌后终于止跌反弹，平均线系统形成银三角。喜欢冒险的投资者可在银三角形成的时候部分介入。此后该股小幅上涨，不久即沿着 60 日平均线横盘整理。2009 年 1 月 15 日，该股放量大涨，同时 10 日平均线与 30 日平均线形成金叉。至此金三角形成，这是投资者介入的良机。金三角形成后，该股经过几天窄幅整理便开始放量拉升，股价加速上升，短期涨幅较大，后市总体涨幅更是不小。

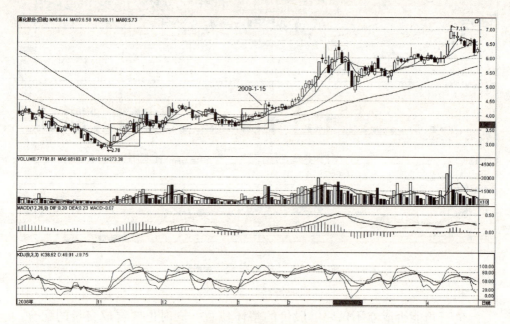

图 2-15　黄河旋风　600172

　　金三角形成的位置通常比银三角要高，说明银三角后的回调是洗盘性质，也说明金三角受到银三角的支撑。另外金三角形成前后不一定量能比银三角形成的时候要大，只要主力控制了足够的筹码，后市的拉升往往并不需要多大量能的配合。

○ 实战案例 16

如图 2 – 16 所示，巨化股份 2008 年长时间无量阴跌，跌幅巨大，直到年底才终于止跌反弹，股价连续拉升，平均线系统不久形成银三角。这是投资者介入的一个较好时机，毕竟前期股价严重超跌。该股此后出现第二波拉升，然后深幅回调，股价在 60 日平均线附近止跌企稳回升。2009 年 1 月 21日，该股小幅上涨，10 日平均线与 30 日平均线形成金叉。至此金三角正式形成，是投资者介入的极佳时机。

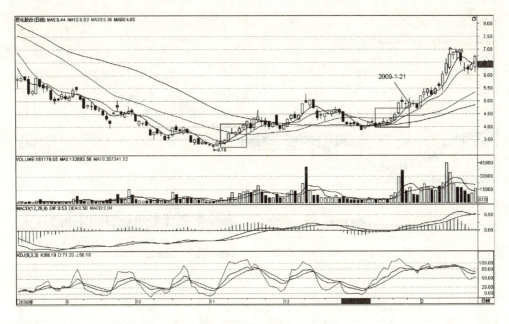

图 2 – 16　巨化股份　600160

该股金三角形成后并没有直接拉升，不过完全不必担心，只要股价不跌回到金三角内部，还可以认为是强势整理，而此时该股的平均线系统呈明显的多头排列，中长期趋势明显向好。该股此后不久即开始快速拉升，短期涨幅较大，后市整体涨幅更是令人满意。

○ 实战案例 17

如图 2-17 所示，粤富华（现名"珠海港"）2008 年跟随大盘大幅下跌，直到 11 月才止跌反弹。11 月 17 日，该股大幅上涨，此时平均线系统也形成了一个银三角，这通常是一个比较可靠的买入点。但该股此后并没有强劲的表现，在 2009 年 1 月甚至大幅回调到 60 日平均线附近。此后该股重新上涨。2009 年 1 月 19 日，该股小幅下跌，但此时的平均线系统却形成一个金三角，这是一个非常好的买入时机。虽然此后该股横盘了几天，但此后的加速上行已经不可逆转。

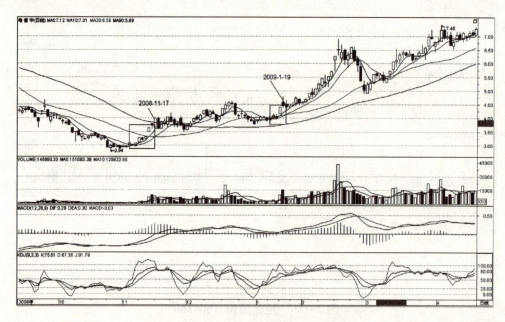

图 2-17　粤富华（珠海港）　　000507

本例的金三角形成有点小小的特殊，那就是当日股价是小幅下跌，这对于一般的投资者可能是个压力，特别是当时股价正处于前高的敏感位置。不过，有经验的投资者都知道单日走势还是要服从平均线的走势，当日小幅下跌并没有影响平均线的整体走势，这反而提供了一个低价介入的较好时机。

○ **实战案例** 18

　　如图 2 - 18 所示，开元控股（现名"国际医学"）2008 年大幅下跌后到年底才触底反弹。2008 年 11 月 17 日，该股的平均线系统形成银三角，这是比较可靠的买入时机。此后该股持续横盘但股价始终处于银三角之上，足见银三角对股价的支撑较强。不过该股此后虽然也逐波上涨，但走势与同期其他个股相比显得比较迟缓。直到 2009 年 3 月底，该股才显出加速上涨的趋势。3 月 27 日，该股继续放量大涨，同时平均线系统形成金三角，这是非常好的介入时机。虽然此后该股横盘多日，但横盘结束后的快速拉升令投资者喜笑颜开。

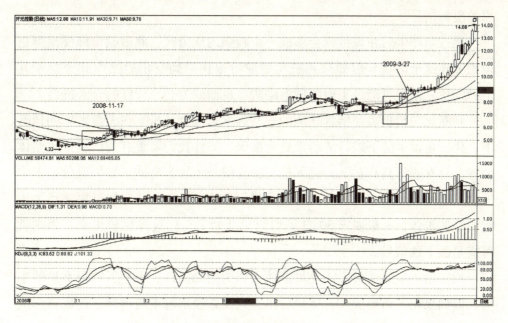

图 2 - 18　开元控股（国际医学）　　000516

　　本例的金三角也有点特殊，就是距离银三角有点遥远。不过因为间隔期间走势比较简单，并不妨碍这个技术形态的市场意义。特别是该股金三角形成的时候伴随着成交量的明显放大，主力介入明显，投资者不应错过这样的好机会。

三、死三角

死三角是个不祥的形态，预示股价将继续下跌，而且通常跌幅不小。死三角是这样形成的：当股价前期累积了较大涨幅后，开始逐渐反转下跌，5日平均线先与10日平均线产生死叉，然后又与30日平均线形成死叉。此后股价继续下跌，10日平均线与30日平均线产生死叉。至此，三个死叉组合成一个尖角向下的三角形，即所谓的死三角。这不仅说明短期趋势走坏，同时也说明中期走势变坏。死三角形成后通常还有更大跌幅，是一个比较可靠的出局信号。

死三角产生后在该位置会形成一个较强的压力区，此后股价即便反弹也很难突破这个区域。但如果死三角后股价很快回到三角形之内甚至站于其上，则死三角很可能是主力的诱空陷阱，反而成为一个较好的介入机会。

判断死三角也需要结合其他的一些因素来综合分析。在大盘走坏的情况下，死三角预示的下跌行情通常更为准确。另外我们要重点关注股价的整体位置，只有股价高高在上，进入超买区，信号才较为准确，如果股价处于中低位，则很可能是主力的洗盘行为，我们要加以区分。还有就是要注意平均线的整体走势，一般要求30日平均线也开始下行，这样比较可靠，否则就可能是假下跌信号。

死三角产生时通常不需要量能放大作为附加条件，无量下跌是常见的事情。但如果死三角形成前有巨量放出，则通常预示着主力出逃，此后再形成死三角是顺理成章，后市继续下跌的可能就更大。

○ 实战案例19

如图2-19所示，国金证券在2009年上半年跟随大盘强劲上涨，涨幅不小。7月下旬，该股明显滞涨，连续走出多根小阴线，虽然股价未大跌，但气氛已经不对。7 月 29 日，该股跟随大盘暴跌，不过随后连续小幅反弹。7 月 31 日，该股虽然收阳，但此时 5 日平均线已经下行，并与 10 日平均线形成死叉。此后该股连续下挫，5 日平均线与 30 日平均线形成死叉，接着 10 日平均线与 30 日平均线形成死叉。三个死叉组合成一个尖角朝下的三角形，我们称之为死三角。死三角意味着近期空头占据明显优势，市场卖出意愿明显大幅增强，甚至有不计价格的嫌疑。死三角通常标志着中期趋势走坏，中线投资者应该离场，短线玩家更应该止损出局。

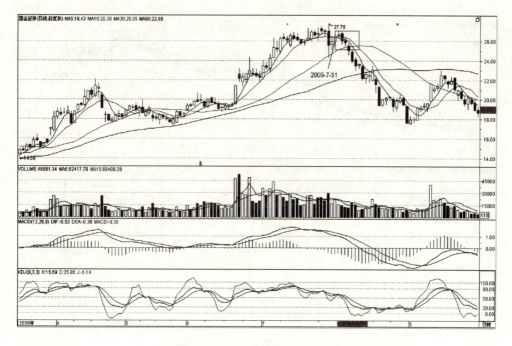

图 2 - 19　国金证券　600109

该股死三角形成后，股价继续下挫，很快跌穿 60 日平均线，进一步确认中期趋势已经走坏。在这波杀跌中，跌幅甚大，犹豫不决、没有卖出的投资者损失惨重。死三角形成后也会有反弹，但如果股价不能回到三角内部或以上，则应该逢高出局，这是最后的时机。

○ 实战案例20

如图2-20所示，浙江东日前期一路上涨，涨幅较大。2009年7月24日，该股终于反转下跌，同时5日平均线与10日平均线形成死叉，这是一个比较危险的信号，短线玩家可以减仓。该股此后缓慢下跌，不知不觉间，死三角形成，这是中期趋势走坏的明显信号，还有持股的投资者此时应该清仓出局。

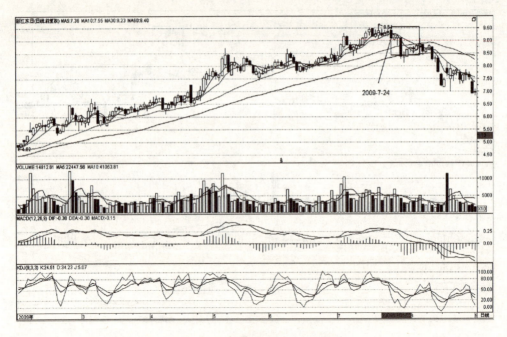

图2-20　浙江东日　600113

该股死三角形成后还横盘了几天，但股价始终无法回到三角内部之上，进一步证明此处压力巨大。既然不能向上突破，那下跌的可能性就很大。该股此后果然快速下跌，短期跌幅巨大。因此，对于中短线投资者来说，死三角通常是卖出的较好信号，千万不要犹豫不决。

⃝ 实战案例 21

如图 2 –21 所示，北京城建前期逐波上涨，累积的涨幅较大。2009 年 7 月底，该股收出一根大阴线后开始了持续的回调，但此时很多投资者还没有意识到阶段性行情的结束。8 月 4 日，该股继续小幅下挫，5 日平均线与 10 日平均线产生死叉，这是短期走势变坏的一个信号。此后该股继续下跌，平均线系统形成死三角。这表明中短期趋势已经基本确认走坏，投资者应该果断斩仓出局。虽然死三角对短线投资者来说有点迟缓，但亡羊补牢也是必需的，可以说是最后的防线，一旦击破就必须离场。

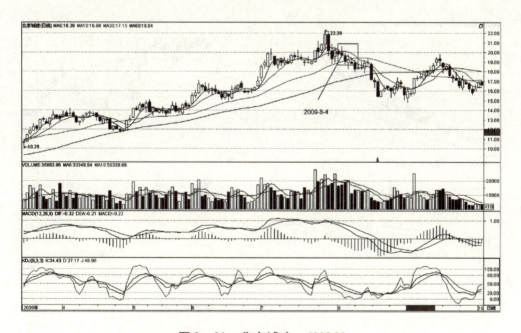

图 2 –21 北京城建 600266

该股死三角之后果然大幅下跌，甚至跌穿 60 日平均线甚远，短期的杀跌动能十足。此后该股有个小幅的反弹，但也仅仅到死三角的位置即止步，从另一个侧面证明死三角的威力，显示出其所形成的压力不是那么容易能消化的。

○ **实战案例** 22

如图 2－22 所示，中科英华前期大幅上涨，高位横盘后欲再度冲高，但显然上涨乏力。此后该股连续下跌。2009 年 8 月 12 日，该股当日大幅下跌，同时 5 日平均线与 10 日平均线形成死叉，不久后死三角形成，预示着中期趋势走坏，投资者只能选择离场。不过该股由于下跌速度太快，死三角形成的时候股价已跌去甚多，我们可以结合其他信号卖出。8 月 12 日的大阴线一举突破多根平均线，形成所谓的一阴穿多线，这也是比较准确的卖出信号，比死三角显然要快很多。

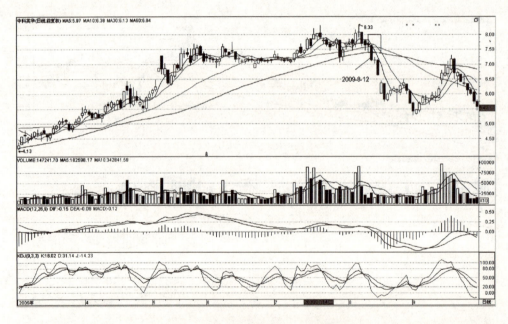

图 2－22　中科英华　600110

该股形成死三角后继续下跌，虽然此后也有强劲的反弹，但受制于中期平均线的压制，只能选择继续下行。可见这种高位的死三角是做多的严重障碍，压力非常大，投资者不能抱有过多的幻想，最好离场观望。

如图 2-23 所示，长力股份（现名"方大特钢"）触底后逐波上涨，到 2009 年 2 月涨幅也不小了。随后该股反转下跌。2009 年 2 月 26 日，该股大幅下挫，同时 5 日平均线与 10 日平均线产生死叉，短期走势显然已经开始走坏。此后该股继续下跌，虽在 60 日均线上方获得支撑后震荡横盘，但此时平均线系统已形成死三角。我们都知道死三角是中长期趋势走坏的标志，也是投资者卖出的较好信号，可是如果你此时出局，那肯定上当了。该股死三角后股价并没有下跌，而是横盘几日后即重归升势，后市更是大幅上涨。可见这个死三角是个不折不扣的诱空陷阱，投资者应结合其他信息具体分析。

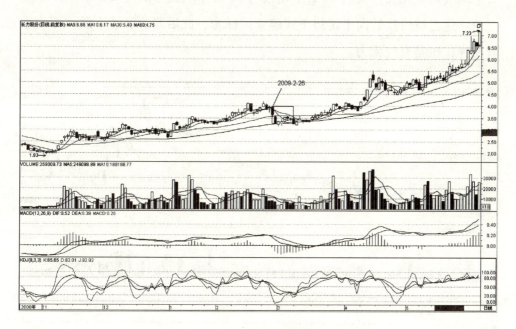

图 2-23　长力股份（方大特钢）　　600507

为什么这个死三角是一个虚假信号呢？问题的关键在于我们忽略了股价的整体走势和位置。该股自底部超跌区反弹上来，整体涨幅并不大，而且前面量能持续放大，这应该是主力建仓的标志，此后也没出逃迹象。如此背景下，短暂的下跌更可能是主力的洗盘行为。即便当时我们还不能确切判断这是洗盘，那么看到死三角后股价并没有继续下跌，且随后不久即重新上升，就可以判定死三角是主力设置的一个陷阱。因此，只要仔细观察，这样的判断失误还是可以避免。

○ **实战案例 24**

如图 2－24 所示，杭钢股份前期大幅上涨，到 2009 年 8 月中旬股价明显滞涨，然后开始下跌。2009 年 8 月 20 日，该股虽然在低开后收出中阳线，但此时的 5 日平均线与 10 日平均线形成死叉，此后不久 5 日平均线又与 30 日平均线形成死叉，最后 10 日平均线与 30 日平均线形成死叉，形成一个死三角。这是股价反转向下走势正式确立的标志，此后股价继续下跌，即便小有反弹，也是有气无力。

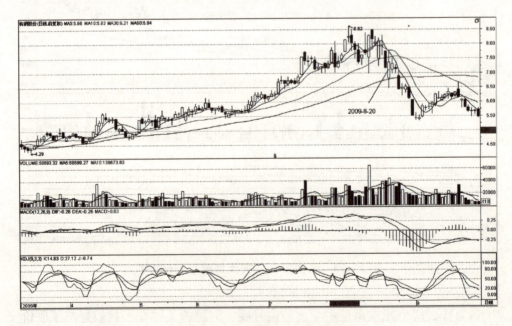

图 2－24　杭钢股份　600126

要从死三角形成时的量能上看出一点特别之处有点难，但还是找得到的。该股在形成死三角之前不久有一天异常放量，可以说是天量，这种异常的放量事实上就是主力出逃的痕迹，此后形成死三角就在情理之中了。投资者不能孤立地看一个事件，有其果必有其因，前后联系一下就可以看得更明白，做出决策也就更科学。

○ 实战案例 25

如图 2 – 25 所示，联美控股触底后有两波反弹，股价跃上 60 日平均线，中期趋势初步走好。不过该股随后开始回调，股价在 60 日平均线附近止跌。2008 年 12 月 22 日，该股盘中下探 60 日平均线，最后收出带长下影线的中阴线，看似跌势凶猛，实际上说明 60 日平均线的支撑较为强劲。此后一个星期，该股连续在 60 日平均线上方横盘，而平均线系统多次交叉后形成死三角。这是否也如我们前面提到的应该在死三角形成后立刻出局？此时判断

图 2 – 25　联美控股　600167

走势就不能太死板,而是要综合分析一下。

首先,该股总体涨幅不大,中期平均线刚刚走好,此时的下跌很可能是回调洗盘。其次,该股回调在 60 日平均线附近受到明显的支撑,股价难以继续往下打压。最后,我们重点看一下成交量。该股在前期反弹的时候成交量温和放大,这是主力建仓的表现,此后回调则成交量明显萎缩,在 60 日平均线上方横盘的时候更是持续地量,说明场内持股相当稳定,几乎没有什么真正的买盘,主力也不太可能潜逃。既然主力还在里面,那么前面的小幅下跌更可能是主力的洗盘行为,投资者当坚定持股。

该股死三角后并没有大幅下跌,洗盘结束后重回升势,后市涨幅较大。可见死三角也不一定就是趋势反转向下的标志,具体情况还是要具体分析。

◎ 实战案例 26

如图 2 – 26 所示,香江控股在 2009 年上半年一路上涨,在一波快速拉

图 2 – 26 香江控股 600162

升后明显滞涨，此后开始逐步下滑。2009 年 7 月 29 日，该股跟随大盘大幅下挫，收出大阴线，同时 5 日平均线与 10 日平均线形成死叉。此后股价继续下跌，5 日平均线与 30 日平均线形成死叉，接着 10 日平均线与 30 日平均线形成死叉。至此死三角形成。这说明空头已经完全占据优势，中期趋势已明显走坏，是出局的良机。如果你还不死心，我们看后市走势。

该股死三角形成后连续多日横盘，偶尔也有小幅上涨，但股价始终无法回到三角之内，可见该位置的压力沉重，后市要继续上涨，必须突破此压力，否则就可能会选择下行消化压力。后市该股快速下行也验证了这一点。

○ **实战案例 27**

如图 2 - 27 所示，长春一东大幅下跌后开始反弹，两波上涨后股价已经站上 60 日平均线，中期趋势向好。不过此后该股连续下跌。2008 年 12 月 26 日，该股收出阴线，5 日平均线与 10 日平均线形成死叉，此后不久平均

图 2 - 27　长春一东　600148

线系统形成死三角。这是否意味着反弹行情结束？可不能这么快下结论，毕竟中期趋势刚刚走好，大盘也没有走坏。这个时候更可能是主力洗盘，我们不妨继续观察，如果确认反弹结束再走不迟。

该股死三角形成后的次日股价并没有下跌，此后不久更是上涨到死三角之上，这基本可以确认死三角是主力洗盘造成的。当股价回到死三角之上时反而是介入的良机。该股后市涨幅较大，可见洗盘的死三角也可以转换成买入的良机，我们需要仔细观察，寻找战机。

第3章

利用共振信号做短线

共振是一种物理现象，任何物体都是一个振动系统，都有个固有频率，即物体自由振动时的频率。若外在驱动力的频率与物体的固有频率相近，便会引起共振。共振时物体振动的振幅最大，即振动最厉害。据说以前英国一队骑兵过桥时踏着整齐的步伐，引起了桥的共振，结果把桥振垮了，后来，部队过桥时要求便步走就是吸取了这个教训。

在股票技术走势中，我们也经常发现有共振现象，即几个差不多意义的技术图形一起出现，产生共振作用，其效用比单个图形出现要强烈得多，对股价的助涨或者助跌有更深远的作用。我们研究技术图形的共振作用目的在于提高信号的准确性，一旦共振现象出现，买卖股票的安全系数就更高。共振现象非常适合普通投资者用来操作股票。

一、K线共振卖出

在以前我们的学习中，经常看到诸如倾盆大雨、墓碑线之类的K线卖出信号，据此操作也有一定的实用性，但总体的成功率应该还是不尽如人意，每每根据信号卖出却看到股价不跌反涨，令人尴尬不已。事实上，在实战操作中，单个的K线形态经常被主力用来作为诱空的陷阱，如果我们不能综合判断，掉进主力设置的陷阱中那也是情理之中的事。但是如果某个时间连续出现多个K线卖出信号，则其可靠性要高很多。一个信号可以做假，但多个信号做假的难度就很高。多个K线信号不仅可以互相印证，而且还会产生共振效应，使后市下跌的可能性更大，幅度也更大。因此根据K线信号共振来决定卖出是我们的首选，这样可以轻松减少很多的判断失误。

单个的K线卖出信号我们以前已经进行过系统的学习，这里不再一一回顾。在实战中，只要同时出现两个以上的信号，我们就可以称之为共振。当然，如果有更多的信号一起出现，那可靠性更高。具体情况可以具体分析，我们的目的只有一个，就是提高操作的成功率。

○ **实战案例 1**

如图3-1所示，超声电子前期大幅上涨，股价回落后沿着60日平均线窄幅震荡整理，时间较长。此后该股以阳夹阴的方式突破前高，看似非常强势，新一轮的拉升将就此展开吗？可惜次日即滞涨，第三日即2009年8月3日该股盘中大幅上涨，但最后还是被空头打回原形，走出类似墓碑线一样的带长上影线的K线，这是一个不好的征兆，说明此处空头势力强大。

接着该股走出一个乌云密布的K线组合（具体参考笔者"看盘快速入

门"系列丛书），再次预示着此处空头的强大压力，后市不妙。此后该股果然就此反转下跌，短期跌幅巨大。

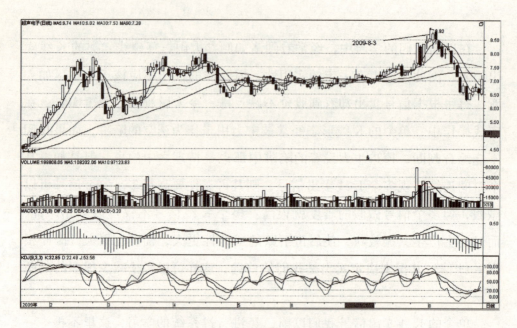

图 3－1　超声电子　000823

从本案例我们可以看到 K 线共振预示顶部的效用：先是长上影线 K 线预示的空头压力，接着是乌云密布，后面还接着产生了倾盆大雨、三乌鸦的恶劣组合形态。如此众多的空头信号连续出现，其产生的共振作用是相当可怕的，股价不下跌都难。投资者还是趁早离场为妙。

结论：

墓碑线＋乌云密布＝K 线共振，强烈空头信号

⚪ 实战案例2

如图 3－2 所示，太钢不锈前期逐波上涨，涨幅较大，累积的获利盘也越来越多。2009 年 8 月 4 日，该股盘中大幅冲高，但遭到空头的猛烈打压，

最后收出十字星，这是一个不祥之兆，说明空头开始出击，虽然多头还能抵抗，但股价已经出现了见顶的苗头，投资者应小心应对。

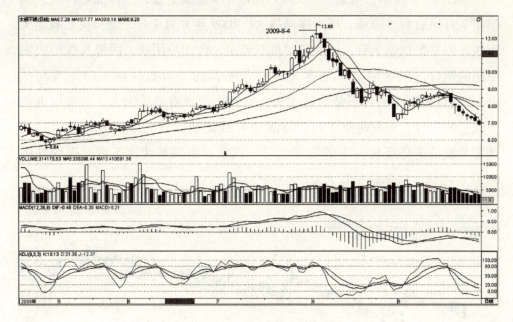

图3-2 太钢不锈 000825

此后该股连续三天跳空下行，跌幅虽然不算十分巨大，但造成的威势却不容小视。从十字星到跳空三连阴，空头已经完全占据优势，而且这两个空头信号连续出现，产生的共振作用非常强烈，至此基本可以确立见顶，投资者需及时出逃。

该股此后连续下跌，跌幅巨大。如果说出现十字星的时候投资者还可以犹豫一下，此后连续的跳空下行则是必须出局的。这不仅仅是三连阴本身的杀伤力，多个空头信号共振产生了明确的趋势反转作用，后市继续下跌几乎毫无疑问，此时不走还等何时？

结论：

十字星＋跳空三连阴＝K线共振，强烈见顶信号

实战案例 3

如图 3－3 所示，河北宣工 2009 年上半年逐波上涨，总体涨幅较大。到当年 7 月该股明显滞涨，压力越来越大。2009 年 8 月 4 日，该股突然收出大阳线，似乎要加速上行，但次日却低开低走，收出小阴线，两根 K 线形成阳孕阴的组合（阳孕阴的市场含义可参考笔者的"看盘快速入门"系列丛书）。高位的阳孕阴可不是个好兆头，它通常预示着空头出击，后市很可能下跌。第三日，该股跳空下行，与前日 K 线形成倾盆大雨的 K 线组合，这通常是股价走势反转向下的明确信号。该股后市果然快速下跌，很快跌破 60 日平均线，短期跌幅较大。

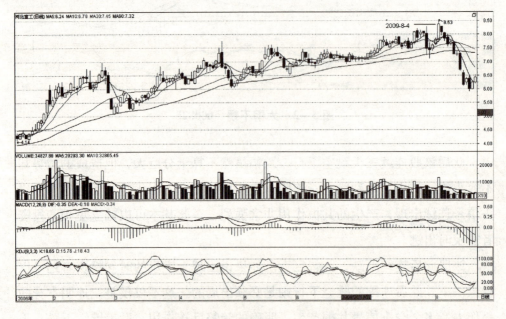

图 3－3　河北宣工　000923

本例中头部的形成也同样是 K 线共振的结果：先是阳孕阴，空头初现实力，接着倾盆大雨明确宣示空头出击。两个空头信号连续出现，产生的共振作用不可小视，后市的暴跌也证明了这一点。在 K 线共振产生头部信号的时候，我们应该果断出局，否则损失就有点大了。

结论：

阳孕阴＋倾盆大雨＝K线共振，强烈卖出信号

实战案例4

如图3-4所示，兰州黄河前期大幅上涨，然后在高位横盘。2009年7月下旬该股冲击新高，但显然受到空头的大力阻击。2009年7月23日，该股盘中大幅拉升，但空头强势出击，最后收出带有长上影线的墓碑线，预示着此处空头占据较大优势。

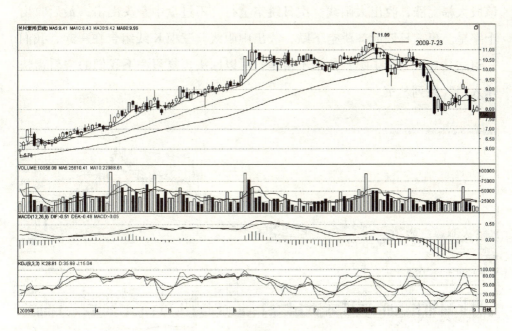

图3-4 兰州黄河 000929

次日该股跳空下行，最后收阴，与前日阴线形成倾盆大雨的K线组合，这更预示着空头占据绝对优势，多头几乎没多少反抗就缴械投降了。墓碑线与倾盆大雨产生的共振作用更加强大，空头强势一览无遗，形成顶部几乎毫

无悬念。在此背景下，投资者除了出局别无选择。

该股此后果然大幅下跌，再次证明空头信号共振的威力，投资者需谨记在心，避免重蹈覆辙。很多投资者总是好了伤疤忘了痛，当历史重演的时候才想起已有先例。

结论：

墓碑线＋倾盆大雨＝K线共振，强烈顶部信号

○ 实战案例5

如图3－5所示，华菱钢铁前期逐步上涨，涨幅不小。2009年8月3日该股大幅上涨，收出大阳线。次日跳空上行，不过盘中空头出击，最后收出十字星。第三日该股却跳空下跌，收出中阴线。三根K线组合在一起，我们知道这是什么组合了吧？如果不清楚，可以回头再复习一下我们的"看盘快速入门"系列丛书。

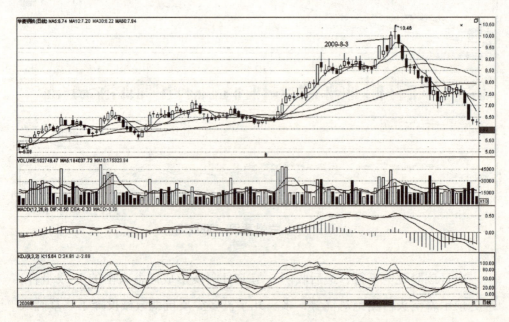

图3－5　华菱钢铁　　000932

三根K线形成典型的黄昏之星组合，预示着走势反转下跌。

接着该股跳空下跌，与前日阴线形成倾盆大雨组合，至此反转走势基本形成。黄昏之星和倾盆大雨的组合产生共振，其威力更是巨大，对这样明显的空头出击阵势，我们不能再做任何幻想，赶紧出击为妙。

该股空头信号共振后如期下跌，跌幅巨大，再次印证了共振的威力。当然反过来也成为我们出局的可靠信号，这也未尝不是好事。

结论：

黄昏之星＋倾盆大雨＝K线共振，强烈的空头信号

◎ 实战案例6

如图3-6所示，南天信息两波大幅上涨后见顶下滑，股价逐波下跌后在第一波上涨的头部获得一定的支撑，股价开始缓慢反弹，可是反弹力量明显不强。2009年8月7日，该股小幅下跌，股价收阴，次日又小幅上涨收阳，行情颇为令人难以捉摸。不过第三天该股走出一根穿头破脚的中阴线，

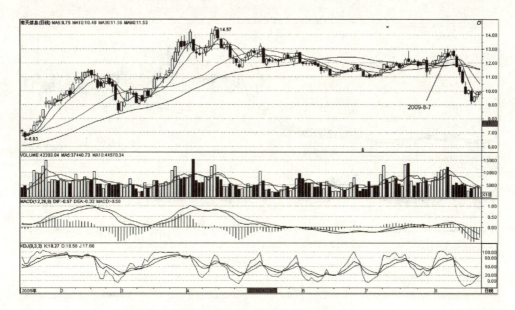

图3-6 南天信息 000948

与前日阳线形成一个阴包阳的组合，加上第一天的阴线又组合成一个阴夹阳的形态，这两个空头信号一起产生强烈的共振作用，局势已经非常糟糕，投资者应该及时出逃。

该股此后连续暴跌，跌幅巨大。这也证明了几个空头信号共振所产生的杀伤力有多么强大。特别是对于这种自高位下跌，刚处于下跌初期的股票，我们更应该提高警惕，能趁早出局是最好的结果。

结论：

阴包阳＋阴夹阳＝K线共振，强烈的空头信号

○ 实战案例7

如图 3－7 所示，广济药业前期快速拉升，短期涨幅巨大。2009 年 8 月 7 日，该股在滞涨后收出小阴线，这可能还不能引起投资者的警觉。次日该股继续下跌，收出中阴线，与前日阴线形成倾盆大雨的组合。这应该是空头占据明显优势的信号。

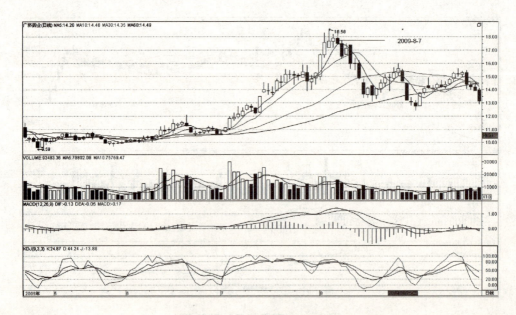

图 3－7　广济药业　　000952

第三日该股收出腹中阳线，与前日阴线形成阴孕阳的组合。高位的阴孕阳通常表示反弹无力，后市可能继续下跌。

接着该股继续大幅下挫，收出大阴线，与前面的两根K线形成阴夹阳的组合，这是更为凶悍的空头信号，后市充满危险。至此，倾盆大雨、阴孕阳和阴夹阳连续出现，产生极强的共振作用，后市股价反转下跌已经毫无疑问，投资者只能尽早出局。

该股此后果然逐波下跌，走势持续低迷，跌幅较大。由此可见，共振信号对后市的提示作用是显而易见的，投资者可参考使用。

结论：

倾盆大雨＋阴孕阳＋阴夹阳＝三重K线共振，极强的反转信号

实战案例8

如图3-8所示，岳阳兴长前期快速拉升，涨幅巨大。股价大幅回调后

图3-8 岳阳兴长 000819

在60日平均线上方止跌并重新上涨，但在前高附近再次受阻。连续走出阴包阳和倾盆大雨的K线组合，K线产生共振，空头连续展示实力，其威力不可小视。特别是在前高位置出现空头信号的共振，基本可以确认阶段性顶部的形成。

该股在此后果然如期下跌，先是小幅下跌，后来干脆暴跌，跌幅巨大。因此，在股价高位如果产生K线空头信号共振，需要非常小心，最好暂时出局观望。

结论：

阴包阳＋倾盆大雨＝K线共振，确认阶段性顶部。

二、K线共振买入

上一小节说到根据K线共振信号卖出，本节我们再看看根据K线共振信号买入。两者原理都是一样的。

单个K线买入信号我们以前也进行过大量的学习，比如探底针、旭日东升、早晨之星等，根据这些信号买入也未尝不可，但总是成功率差一点。如果在某个时段能同时出现多个这样的信号，即产生信号的共振，这时买入则有很高的可靠性。因为这些信号产生了共振作用，不仅可以消除一些错误信号，而且其产生的共振效应可以助涨股票。一般而言，有多个信号共振的个股后市的涨幅更大，上升的力度更强。

单根K线经常被主力用来设置诱多陷阱，但多个K线要做假就比较困难，因此可以为我们规避一些虚假的信号。当然也不是说信号越多越好，因为做短线的投资者有一个时间把握问题，等信号明确了，个股的涨幅可能也比较大了，因此只要有2个以上的信号共振我们就可以尝试进入，后市继续产生共振则可以加码。

○ 实战案例9

如图3－9所示，大龙地产前期跟随大盘大幅下挫，股价严重超跌。2008年年底该股终于止跌反弹。11月6日，该股在前日阴线后低开高走，股价大幅上涨，走出一根穿头破脚的大阳线，与前日阴线形成阳包阴的组合，这是一个非常积极的信号，说明多头开始大量介入抢反弹，才造成股价大幅推高。如果有成交量的配合，这样的反弹应该不会很弱。

次日该股继续攀援向上，此后又形成一个阳夹阴的组合，至此我们可以基本确立反弹走势成立，后市应该有较大上涨空间。

除了反转之初的大阳线和后市的连续上涨，我们更看重这个阶段连续的

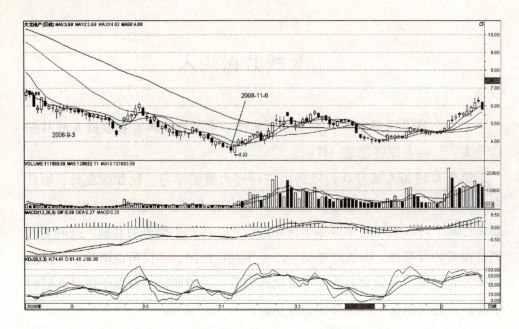

图 3 – 9　大龙地产　600159

多头信号产生的共振作用，不仅表明多头强力进攻，同时也给了市场强烈的心理暗示，这种威力不是单个信号所能比拟的，后市继续上涨的可能性应该极大。

　　该股后市继续上涨，虽然后期还有较大的回调，但整体的上涨趋势已经不可阻挡。经过半年多的上涨，该股涨幅巨大，成为当年小牛市涨幅排名靠前的个股。这也验证了多重多头信号共振产生的作用是多么强大，投资者不应错过这样的机会。

　　结论：

　　阳包阴 + 阳夹阴 = 多重多头信号共振

　　● 实战案例10

　　如图 3 – 10 所示，巨化股份一路下跌，鲜有反弹，疲软之极。但万事万物都是相对的，有跌必有涨，没有只跌不涨的股票。该股 2008 年 11 月 5 日开始终于止跌反弹，在前日小阴线后走出一根中阳线，类似于旭日东升的组合，只是力量稍弱。

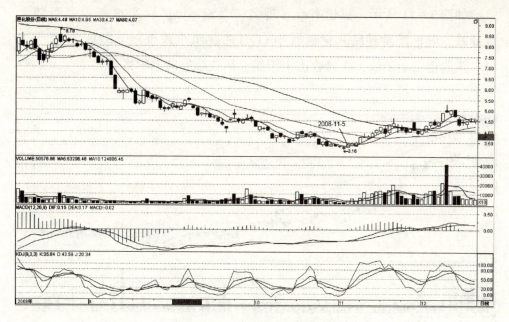

图3－10　巨化股份　600160

此后该股走出红三兵的图形，同时成交量略微有点放大。这是有多头介入的表现，不过还不能就此判断能否有个像样的反弹。第四天的大涨收出中阳线，与前日阳线形成攀援线的组合，这是多头继续发力的表现。至此反弹走势基本确立，后市应该有较大的上涨空间。

该股后市逐波上涨，上涨幅度较大。回过头来看，这个底部的形成也是K线共振的结果。先是旭日东升，然后是红三兵，最后是攀援线，走势越来越好，也越来越强。共振产生的底部通常比普通的底部要扎实，是投资者介入的良好时机。

结论：

旭日东升＋红三兵＋攀援线＝K线共振，底部形成

○ **实战案例11**

如图 3-11 所示，福建南纸（现名"﹡ST 南纸"）2008 年也是跟随大盘暴跌，股价严重超跌。直到当年 11 月才逐步止跌企稳。2008 年 11 月 7 日，该股走出小阳线，次日收出中阳线，形成攀援向上的格局。

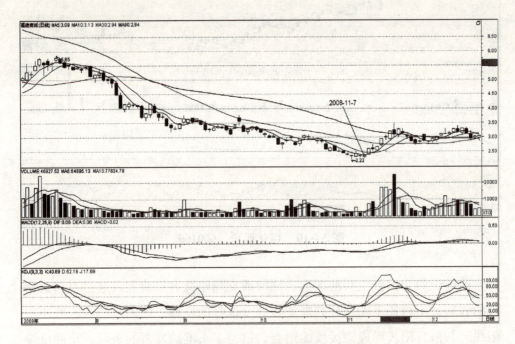

图 3-11　福建南纸（﹡ST 南纸）　600163

该股第三日收出一根小阴线，涨势略微受阻，还好第四日继续收阳，把前日的小阴线失地收复。三根 K 线形成一个阳夹阴的组合，虽然这个阳夹阴因为最后一根阳线不够强大而稍显力量不足，但依然难掩多头的强势，空头几乎没有什么抵抗。至此，攀援线和阳夹阴的组合也产生共振，基本可以确认这是一个阶段性的底部，投资者可适当介入。

该股在共振后如期反转向上，后市涨幅较大。可见共振是我们买卖的一个重要参考信号，其安全度比较高。

结论：

攀援线＋阳夹阴＝K线共振，确认阶段性底部

○ 实战案例 12

如图 3-12 所示，福田汽车前期大幅下跌，直到 2008 年 11 月初才有止跌企稳迹象。11 月 7 日，该股大幅上涨，收出中阳线，与前两日 K 线形成阳夹十字线的组合，意义类似阳夹阴，说明多头基本压倒空头，短线处于强势状态中。

图 3-12　福田汽车　600166

次日该股跳空上行，又与前日阳线形成跳空攀援线的组合，走势更为强劲。

第三日该股走出并列阳线，虽然涨势略微受阻，但仍属强势。果然第四日该股继续大幅上涨，至此，强势反弹格局基本确立，后市应该还有较大涨

幅。得出这样的结论不仅仅是因为股价连续上涨，更是因为众多的做多信号连续出现，产生了强烈的共振效应，市场做多气氛越来越浓厚，也吸引了更多投资者参与，这从逐渐放大的量能得到了印证。

后市该股就此反转向上，虽然其中也偶有回调，但上涨趋势非常明确，后市涨幅巨大。这也证明低位的多头信号共振很可能预示着股价走势反转，投资者可积极介入。

结论：

阳夹阴 + 攀援线 + 并列阳线 = 低位的多头信号共振

○ 实战案例 13

如图 3 – 13 所示，太原重工 2008 年跟随大盘大幅下挫，在当年 10 月底、11 月初一段急跌后终于有止跌企稳的迹象。2008 年 11 月 6 日，该股跳空下行，收出中阴线。次日该股继续跳空开盘，不过盘中股价逐渐走强，最

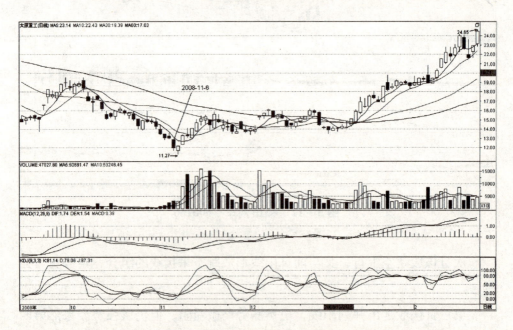

图 3 – 13　太原重工　600169

后收出小阳线，收盘价略微超过前日收盘价，与前日 K 线形成好友反攻的组合，这是多头初现身手的表现。

第三日该股跳空上行，收出大阳线，与前日 K 线形成攀援线的组合，多头攻势大幅加强。

此后该股又走出一个更强势的阳夹阴的组合，至此反转态势基本可以确认。

该股底部的形成事实上也是共振的结果。好友反攻、攀援线和阳夹阴，一个比一个强势，连续出现产生的共振作用更是强大，显示多头强攻的态势。同时成交量大幅放大，多头主力抢筹明显，这样的技术走势自然带给投资者强大的信心。该股后市不久即股价翻倍，足见其强势，这也与前面多头强势介入有关。投资者能把握共振买入点的话，其收获不会很小。

结论：

好友反攻＋攀援线＋阳夹阴＝底部形成的强烈信号共振

○ 实战案例14

如图 3－14 所示，卧龙地产前期大幅下跌，到 2008 年 11 月初加速下跌，有经验的投资者一看就知道这是加速赶底。

2008 年 11 月 4 日该股走出中阴线，次日略微低开后大幅上涨，最后收出中阳线，与前日阴线形成曙光初现的组合图形，这是多头强势反击的表现。

接着该股继续攀援向上，阳线一根比一根大，形成渐大三阳线的组合，这是多头强攻的表现；同时成交量明显放大，多头介入明显。至此股价反转走势基本形成。

这个急速的反转走势其实也是 K 线共振的结果。曙光初现、攀援线和渐大三阳线的连续出现产生了强大的向上动力，也表明多头急切的反攻态度，后市继续上涨是大概率事件。

该股 K 线产生共振后股价很快突破 60 日平均线，中期趋势正式走好，

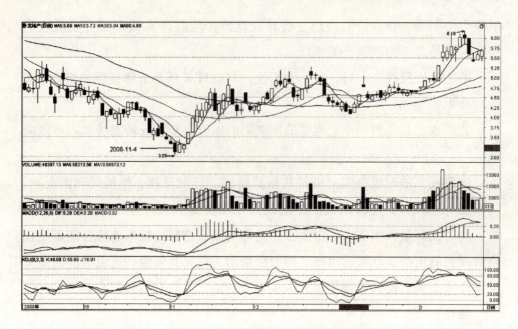

图 3 – 14　卧龙地产　600173

后市更是大幅上涨。如果在 K 线共振的时候买入，收获自然不薄。

结论：

曙光初现 + 攀援线 + 渐大三阳线 = K 线共振，后市上涨概率大

○ 实战案例 15

如图 3 – 15 所示，莲花味精 2008 年也是跟随大盘暴跌，股价严重超跌。11 月 4 日，该股盘中大幅下跌，但多头及时出击，最后收出带下影线的小阳线，这就是坊间所说的探底针，股价有初步止跌迹象，投资者可密切关注。此后 3 天该股走出阳夹阴的走势，走势明显增强，多头基本占据优势。接着股价跳空攀援上行，强势反弹格局至此基本成立，投资者可积极介入。

事实上，自 11 月 4 日探底后，我们关注到连续的做多信号出现，产生了强烈的共振效应，这是单个信号所不能比拟的。这不仅是上升走势逐步明朗的问题，共振所产生的心理暗示作用也很明显，导致越来越多的投资者进

图 3 – 15　莲花味精　600186

场，这也可以从逐渐放大的量能上看出来。该股此后就此反转向上，后市涨幅不小。如果在做多信号共振后介入，无疑可以获得巨大回报。

结论：

探底针＋阳夹阴＋攀援线＝强烈共振，连续的做多信号

实战案例 16

如图 3 – 16 所示，华资实业前期也是大幅下跌，临近 2008 年 11 月时连续收出多根小阴线，但股价并没有怎么下跌，同时成交量极度低迷，可见已经跌无可跌了。2008 年 11 月 5 日，该股小幅上涨，次日收出一根小阴十字星，第三日大幅上涨，收出大阳线，把前日十字星轻松包裹，形成阳包阴的组合，加上前面的小阳线又是一个阳夹阴的组合，这毫无疑问显示出多头在此占据明显优势，股价拉升在即。第四日该股跳空上行，反转向上走势正式确立。后市该股逐波上涨，涨幅较大。

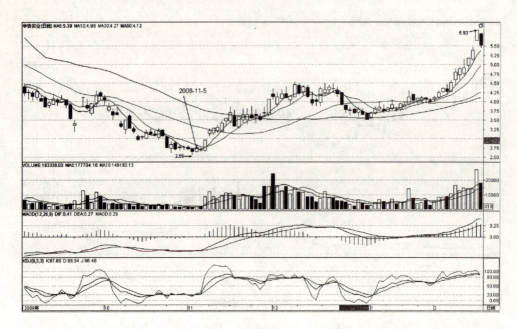

图 3 – 16　华资实业　600191

　　该股底部的形成也是 K 线共振的结果，阳包阴、阳夹阴和跳空的攀援线一起出现，产生巨大的向上动力，后市股价反转向上也是自然而然的事。

　　结论：

　　阳包阴 + 阳夹阴 + 攀援线 = K 线共振，产生巨大的向上动力

三、三线金叉

三线金叉这个概念在市场中经常被人提起，具有较高的市场认同度。三线金叉简单且为广大投资者所熟知，其可靠性也很高，这大概验证了"越简单越实用"的道理。很多人可能会认为越多人知道的东西就越不可靠，好像有一定的道理，但事实上正是我们都带有这种心理，才忽略了一些简单可靠的方法，片面追求难度和精确性，反而导致自己的操作屡屡失误。

三线金叉通常指价格平均线金叉、成交量平均线金叉和 MACD 金叉。做短线的投资者经常利用价格平均线金叉来作为买入信号，这也未尝不可。对这方面的知识我们以前也进行过大量的学习，具体这里就不再展开，没有掌握的投资者可以参考笔者的"看盘快速入门"系列丛书。

价格平均线金叉说明股价持续上涨，近期的买入价格持续高于过去一段时间的买入价格，这表明市场买入意愿越来越强，愿意以更高的价格买入。既然有人气的聚集，后市理应看高一线。不过价格平均线金叉也经常被主力用来作为诱多陷阱，这是单纯利用价格平均线金叉作为买入信号的一个重大缺陷。那如何才能避免掉进陷阱中呢？通常我们会结合其他信号来做综合研判。成交量就是一个很重要的参考。如果在价格平均线产生金叉的同时成交量平均线也产生金叉，这时做多的信号就更为可靠，因为此时股价的上涨得到成交量的配合，是实打实的资金推动股价上涨，不是空中楼阁。

有这两个信号一起配合使用，其准确度要提高不少。如果此时 MACD 指标也产生金叉，无疑更加了一道保险。三线金叉不仅增加了信号的可靠性，同时也产生了共振效应，使做多的力量得到了充分发挥，市场的认同度更高，后市大幅上涨则是顺其自然的事了。

方法不要太多，普通投资者如果能长期坚持研究和使用一两种方法，也许更能得心应手。三线金叉就是一个我们可以长期使用的好方法。

○ 实战案例 17

如图 3-17 所示，大湖股份自底部反弹后走势疲软，长时间在横盘震荡，没有耐心的投资者可能早就换股操作了。2009 年 11 月 5 日，该股终于走出盘局，收出中阳线，同时 5 日平均线与 10 日平均线产生金叉，平均线也开始呈多头排列，上升趋势明显展开。同时成交量平均线和 MACD 也产生金叉，形成坊间所说的三线金叉，这表明市场一致看多，买入盘越来越多，呈量增价涨的良好局势，后市应该还有较大涨幅。更为重要的是，三个信号同时产生，会产生巨大的共振效应，刺激投资者一致做多，后市爆发在即。

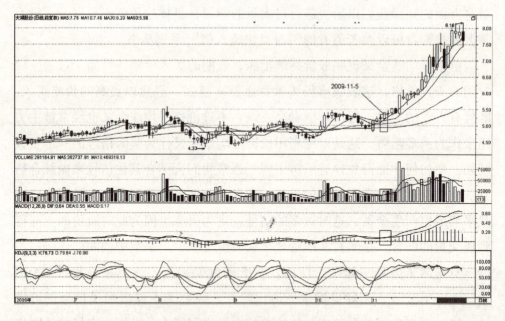

图 3-17　大湖股份　600257

该股三线金叉后果然开始加速上涨，短期涨幅惊人，这也应了"不鸣则已，一鸣惊人"的老话，耐得住寂寞的投资者终会有令人满意的收获。

○ **实战案例 18**

如图 3-18 所示，益民商业（现名"益民集团"）大幅下跌后开始反弹，不过反弹初期的走势不是那么强势，两波较小的上涨后便开始深幅回调，在 60 日平均线附近获得支撑后才再度上行。2009 年 1 月 9 日，该股继续回升，此时 5 日平均线与 10 日平均线产生金叉，几乎同时成交量平均线与 MACD 产生金叉，形成三线金叉，说明近期买盘越来越踊跃，短线股价明显走强，更为有利的是三线金叉产生共振效应，使投资者信心爆棚，后市应该会继续上涨，此时也是投资者进场的绝佳时机。

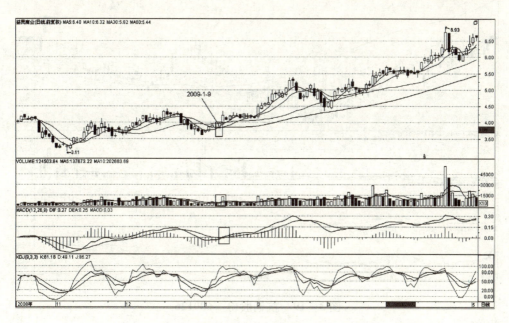

图 3-18 益民商业（益民集团） 600824

该股三线金叉后逐波上涨，虽然不是飙涨，但总体涨幅也比较大，投资者收获颇丰。可见三线金叉算是一个比较可靠的买入信号。

○ **实战案例** 19

如图 3 – 19 所示，杭钢股份前期大幅下跌，在加速赶底后股价走势随即快速反转向上。2008 年 11 月 10 日，该股跳空大幅上行，当日收出大阳线，强势异常。几乎同时，成交量平均线和 MACD 形成金叉，说明投资者一致看好后市，积极入场，导致成交量明显放大，短线股价也顺势高涨。另外三线金叉也产生共振效应，吸引了市场更多的投资者参与，后市应该还有更大涨幅，投资者可积极参与。

图 3 – 19　杭钢股份　600126

该股三线金叉后如期加速上涨，虽然后市还有些波折，但股价就此反转向上已经不可逆转，整体涨幅不小。可见三线金叉是个非常好的买入点。

○ **实战案例20**

　　如图3-20所示，中国中期在一段缓慢上涨后莫名其妙地大幅下跌，股价连续击穿多根中短期平均线，看似中期趋势已经走坏。可是不久该股即止跌回升，股价缓慢上行。2009年10月14日，该股大幅上涨，收出大阳线，同时成交量急剧放大，形势一片大好。这时看好的原因还不仅仅是当日大涨突破前高，更重要的是此时该股的多根平均线交叉形成金叉，整体呈多头排列，这是多头强势的最有力表现，另外，成交量平均线和MACD也同时产生金叉，三线金叉预示着多头已经完全占据优势，短线强势异常，后市应该会加速上涨。投资者可以在三线金叉的时候放心介入。

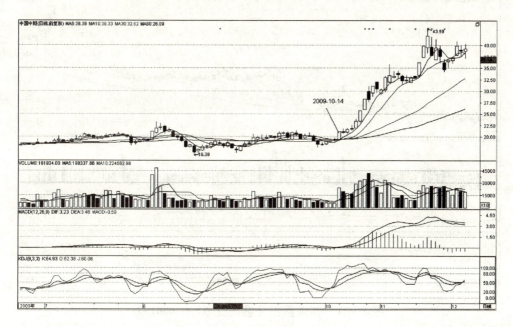

图3-20　中国中期　000996

　　该股三线金叉后果然大幅上涨，短线涨幅惊人。可见三线金叉对后市的影响力非常巨大，也是非常好的短线介入机会。

○ **实战案例 21**

　　如图 3 - 21 所示，创兴置业（现名"创兴资源"）前期缓步上涨，涨幅不大，回调倒是比较迅速，股价很快下跌到 60 日平均线之下，看似已经走坏。不过不久后股价重新站上 60 日平均线。2009 年 5 月 6 日，该股继续上涨，此时 5 日平均线和 10 日平均线产生金叉，同时成交量平均线与 MACD 也产生金叉。这说明短线股价明显走强，而且成交量明显放大，这也是量价配合的最佳组合。另外三线金叉产生不可小视的共振威力，后市应该还有较大涨升空间。此时应该是投资者进场的极佳时机。

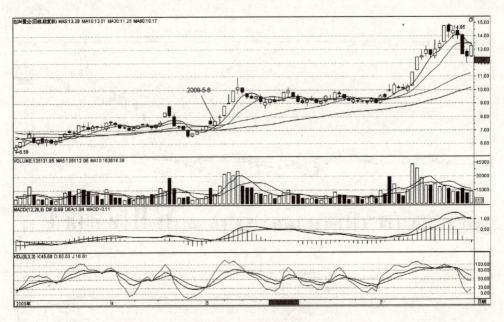

图 3 - 21　创兴置业（创兴资源）　　600193

　　该股三线金叉后如期持续上涨，且有加速上涨趋势，后市整体涨幅较大。如果在三线金叉产生时积极介入，无疑收获颇丰。

○ 实战案例 22

如图 3－22 所示，兰生股份触底后缓慢爬升，走势不是很强，此后又在挑战 60 日平均线时失败，足见其疲软。不过经过回调后，该股很快突破 60 日平均线。2009 年 1 月 7 日，该股小幅上涨，看似不起眼，但此时 5 日平均线与 10 日平均线产生金叉，同时成交量平均线与 MACD 也产生金叉，形成所谓的三线金叉，这说明市场一致看好，买入盘持续介入，导致价涨量增，走势形态良好，后市应该还会继续上涨。更为重要的是三线金叉产生强大的做多动能，也吸引了更多的做多力量，后市不可小视。当然这也是很好的买入时机，投资者不可错过。

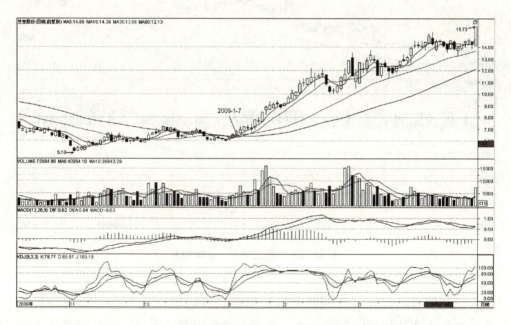

图 3－22　兰生股份　600826

该股三线金叉后加速上行，极少回调，短线涨幅惊人。这也验证了三线金叉的威力，证明三线金叉确实是买入的极佳时机。

○ **实战案例23**

如图3-23所示，上工申贝前期逐步上涨，虽然不显山露水，但总体涨幅已经很大。2009年8月初，该股在高位经过较大回调后再度加速上涨，同时成交量也明显放大，看似走势良好。8月5日，该股继续大幅上涨，股价越过前高，同时成交量平均线产生金叉，说明市场人气旺盛，买入踊跃。另外MACD也产生金叉，三线金叉成立，是一个极好的买入时机。

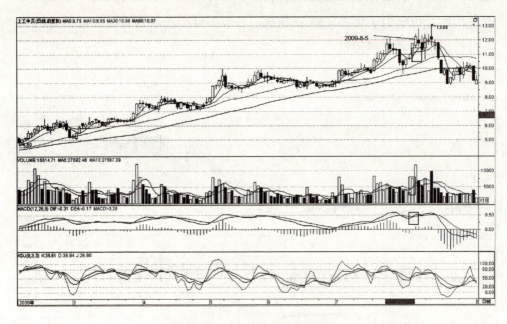

图3-23　上工申贝　600843

可是该股此后并没有继续上涨，横盘几日后即反转下跌，短期跌幅较大。为什么此处的三线金叉成为一个诱多的陷阱呢？除了大盘的因素外，我们还忽略了一个重要的东西，那就是股价的整体位置。该股前期的涨幅累计已经很大了，主力随时都可能出逃。主力出逃自然是需要散户接盘的，因此高位的非常好的技术形态成为他们诱使散户追进接盘的绝佳陷阱，我们不能不防。

本例给我们的提示是，任何好的技术形态都需要放在整体背景下考虑，否则买入信号就可能是个陷阱。我们应该警惕这种高位的三线金叉，一旦股价滞涨甚至反转就应第一时间出局。

实战案例24

如图3-24所示，中炬高新前期大幅上涨后终于见顶回落，股价回调到60日平均线后止跌反弹。2009年7月14日，该股小幅上涨，同时5日平均线与10日平均线形成金叉，另外成交量平均线和MACD也形成金叉，三线金叉成立，看似多头又强势归来，是个很好的买入机会。不过此后该股的走势却让人大失所望——小幅上涨后即反转向下，后市跌幅巨大。为什么这个三线金叉会失败？它其实是一个诱多的陷阱。

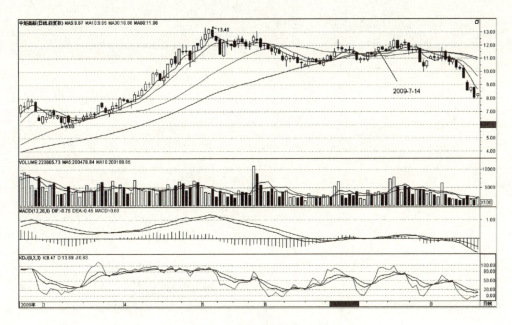

图3-24　中炬高新　600872

说起来也不复杂：当时该股虽然经过深幅回调，但总体仍处于高位，主力在回调过程中显然没有完全出干净货，因此需要再度拉高出货，于是利用良好的技术走势来诱使散户介入接盘。另外当时的大盘也见顶回落，影响到个股的走势，这也是我们不能忽略的。

四、三线死叉

三线死叉跟上节所讲的三线金叉恰好相反，是很好的卖出信号。

三线死叉即价格平均线死叉、成交量平均线死叉和 MACD 死叉。短线投资者对价格平均线的周期一般比较敏感，因此 5 日平均线和 10 日平均线死叉的时候必定要卖出；如果这时候成交量平均线也同时死叉，那么说明市场的交易活跃度也相应明显减弱；要是再有 MACD 死叉，三线死叉共振基本可以确认短线走势已变坏，而且通常后市的下跌幅度不会小，此时我们唯一能做的就是及时出局，等待下次进场的时机。

当然，并不是所有的三线死叉都是卖出信号，这需要结合其他信息来综合分析研判。比如，在上升趋势的初期和中期，三线死叉则经常被主力用来设置诱空陷阱，我们需要细心观察。即便三线死叉后被洗盘出局，一旦股价回稳还可以再度介入。一般来说，在高位的三线死叉发出的卖出信号比较准确。

◯ 实战案例25

如图 3－25 所示，亚泰集团自触底以来逐波上涨，涨幅巨大，在高位横盘后再度拉升，走势实在强劲。但没有只涨不跌的股票，2009 年 8 月初，该股终于见顶回落。8 月 4 日，该股继续小幅下跌，但此时的局势已经完全变坏，不但 5 日平均线与 10 日平均线产生死叉，同时成交量 5 日平均线与 10 日平均线产生死叉，而且 MACD 也产生死叉，即三线死叉。这意味着什么呢？这通常意味着市场买入意愿越来越弱，空头逐渐占据上风，短期股价走势已经走坏，后市很可能继续下跌，而且下跌幅度不会很小。另外三线死叉也会产生巨大的共振作用，会放大空头信号，对后市走势极为不利。

根据历史经验，三线死叉后股价很可能大幅度下跌，是短线卖出的较好时机。通常三线死叉是一个准确度较高的卖出信号，投资者见此信号可及时

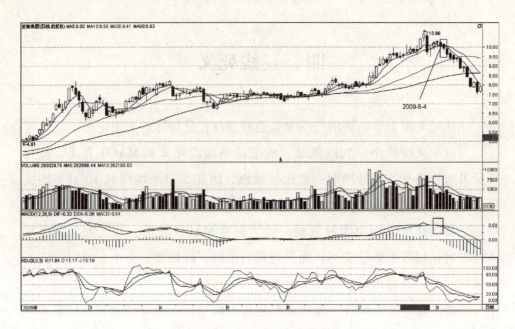

图 3 – 25　亚泰集团　600881

退出观望。本例中，该股在三线死叉后快速下跌，短期跌幅巨大，如果在三线死叉时能及时卖出，即可避免后市的巨大损失。

○ 实战案例 26

　　如图 3 – 26 所示，广汽长丰（旧名：长丰汽车）前期快速上涨，涨幅惊人。股价自高位反转后缓慢下跌，在 60 日平均线上方获得支撑后有个小幅反弹，但不久即再度反转下跌。2009 年 8 月 12 日，该股收出中阴线，此时多根价格平均线产生死叉，同时成交量 5 日平均线与 10 日平均线产生死叉，MACD 也产生死叉，这就是所谓的三线死叉，说明股价持续走弱，市场买进意愿淡薄，导致成交量明显下滑，后市股价极可能继续走低。投资者应在三线死叉时及时出局。

　　该股三线死叉后果然如期继续下跌，短期跌幅较大。三线死叉是股价走势转坏的较为准确的信号，投资者应高度戒备，及时离场。

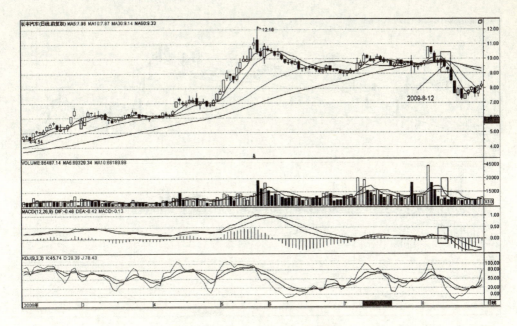

图3-26 广汽长丰 600991

○ 实战案例27

如图3-27所示,力诺太阳(现名"宏发股份")短线快速拉升后在高位宽幅震荡,勉强冲高后即反转下跌,股价快速下行,很快5日平均线与10日平均线产生死叉,同时成交量平均线和MACD都出现死叉,形成三线死叉,意味着市场已经转向,空头基本占据上风,市场越来越清淡,后市很可能继续下跌。

该股在三线死叉后果然大幅下挫,后市跌幅较大,投资者在三线死叉时万不可心存侥幸,还是及时离场观望为妙。

○ 实战案例28

如图3-28所示,桂冠电力自高位反转后股价持续下跌,一直下跌到60日平均线附近才获得支撑,然后再度上行,不过在前高附近遭遇压力,股价

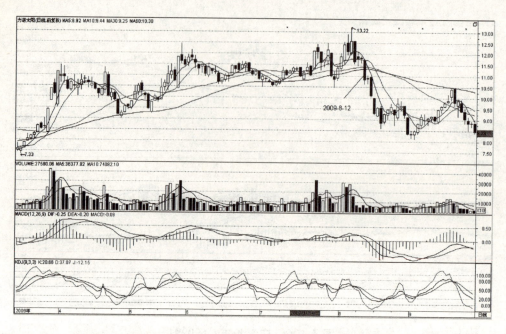

图 3-27　力诺太阳（宏发股份）　　600885

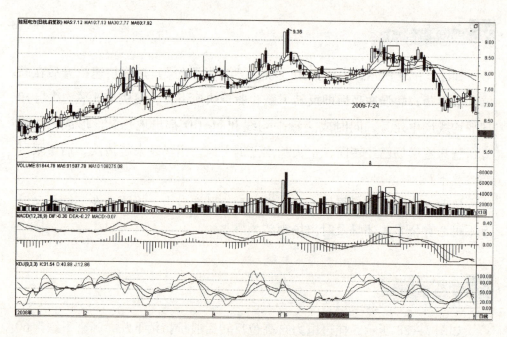

图 3-28　桂冠电力　600236

只能再次掉头下跌。不久5日平均线与10日平均线产生死叉，同时成交量的5日平均线与10日平均线产生死叉，MACD也产生死叉，形成三线死叉。三线死叉表明市场几乎一致看淡后市，交易日趋冷清，短期走势更是明显走坏，后市如果没有强大的做多力量是很难扭转当下的颓势。

该股三线死叉后果然快速下跌，跌幅较大。这也显现出三线死叉的共振威力，投资者决不能心存侥幸，应及时清仓出局。

○ 实战案例29

如图3-29所示，吉林森工前期大幅上涨，然后在高位震荡横盘。2009年8月初，该股突然大幅上涨，但显然有点作秀的味道，创新高后次日即反转下跌。2009年8月12日，该股继续大幅下挫，当日收出大阴线，同时5日平均线与10日平均线产生死叉。这说明短线走势已经变坏，空头基本掌控局势。更为糟糕的是，此时成交量平均线和MACD也几乎同步产生死叉，

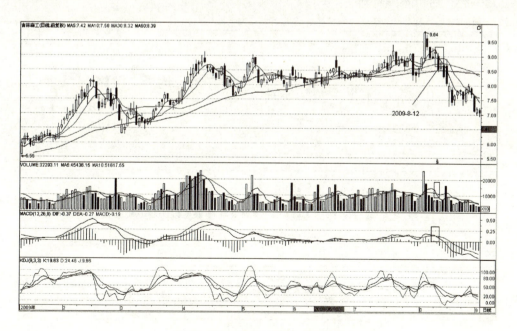

图3-29 吉林森工 600189

这说明近期成交量越来越低迷，股价逐渐走低，下跌趋势明显，更重要的是三线死叉产生了强烈的共振作用，其产生的空头效应不是单个指标所能比拟的，会对投资者的心理造成巨大的打击。

该股三线死叉后果然继续下跌，短线跌幅较大，可见三线死叉对后市的杀伤力不小。三线死叉是短线出局的较好信号，通常都比较准确。

○ 实战案例30

如图3－30所示，大唐电信大幅上涨后在高位震荡横盘，多次欲冲击新高，但都以失败告终。2009年8月12日，该股终于不再勉强支撑，当日股价大幅下跌，一根大阴线贯穿多根平均线，形成断头铡刀，这是非常强势的下跌信号，通常会引爆下跌行情。更为糟糕的是，该股的短期价格平均线、成交量平均线和MACD几乎同时产生死叉，三线死叉产生强烈的共振作用，对后市打击巨大，也带给投资者巨大的心理压力。如此众多的空头信号汇集到一起，后市不跌都难。

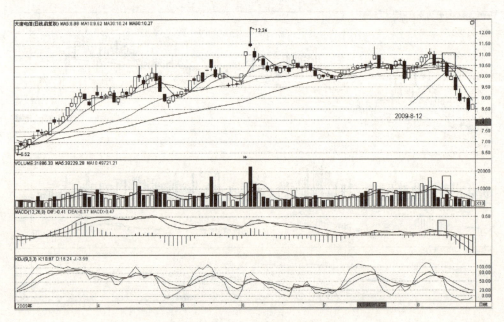

图3－30　大唐电信　600198

该股此后果然快速下行，股价短期跌幅巨大。看到这样的三线死叉加上断头铡刀，几乎可以肯定后市将大幅下跌，投资者还是及时回避为妙。

实战案例 31

如图 3 - 31 所示，海南椰岛触底后有一波快速的反弹，股价涨幅不小，然后股价回落整理，在 60 日平均线附近获得支撑后再度上行，不过显然受到前高的压力，股价再度回落。2009 年 4 月 8 日，该股的 5 日平均线与 10 日平均线产生死叉，意味着短期走势已经变坏。更为糟糕的是，成交量平均线和 MACD 几乎同时产生死叉，三线死叉预示着短期走势明显走坏。这是不是意味着该股的反弹已经结束？可是该股此后并没有大幅下跌，短暂整理后即加速上行，后市涨幅巨大。这是为什么呢？为什么此处的三线死叉信号失灵？

究其原因，最根本的还是我们没有把握好股价的总体位置和走势。该股

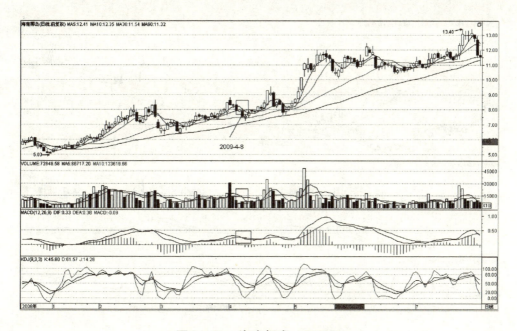

图 3 - 31　海南椰岛　600238

触底反弹以来虽然涨幅不小，但除去前期超跌的部分，实际涨幅也不是很大，而且股价虽然冲高回落，但中期平均线依然在上行，说明中长期走势并未变坏。在这样的涨势初期形成三线死叉可能是主力的陷阱，成交量的萎缩从另外一个方面反映了持股的稳定。因此，不是在任何位置的三线死叉都是股价反转下跌的标志，要具体情况具体分析。

○ 实战案例32

如图3-32所示，福日电子前期大幅下跌后开始快速反弹，股价很快越过60日平均线，反转走势初步确立。不过该股此后并没有继续上涨，而是反复震荡，上下两难。2008年11月15日，该股小幅下跌，但整体的走势似乎已经明显变坏——5日平均线与10日平均线产生死叉，同时成交量平均线和MACD也同时产生死叉，形成三线死叉，这通常预示着短期走势变坏，后市还将有较大跌幅。三线死叉是不是意味着该股反弹就此结束？事实上该

图3-32　福日电子　600203

股仅小幅下跌，不久即重归升势，后市涨幅巨大，说明这里的三线死叉是个错误的信号，更可能是主力诱空的陷阱。这是为什么呢？

最主要的原因还在于我们研判股价走势的时候不能脱离股价的整体走势。该股自反弹以来的涨幅并不大，同时60日平均线刚刚走好，即整体股价走势应处于上升初期，此时的股价回落多半是主力的洗盘行为，三线死叉很可能是主力设置的陷阱。投资者应注意多加分析。即便错误出局了，也可以在股价再度上行的时候重新介入。

● 实战案例33

如图3－33所示，紫江企业在大幅下跌后触底反弹，股价两波上涨后短期涨幅不小。此后股价回落，5日平均线与10日平均线形成死叉，同时成交量平均线和MACD也产生死叉，形成三线死叉。这通常是市场看淡的标志，市场买入意愿明显不足，短期股价很可能继续下跌，投资者应暂时出局

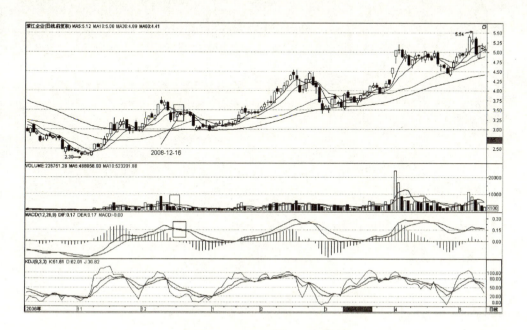

图3－33 紫江企业 600210

观望。可是该股此后只是小幅下跌，在 60 日平均线上方获得支撑，然后就此重拾升势，后市总体涨幅巨大。这说明前面的三线死叉是个错误的信号。为什么会这样呢？

主要原因还是我们忽略了股价的整体走势。当时股价虽然下滑，但整体走势并未走坏，60 日平均线依然明显在上移。更为重要的是，该股刚从超跌区反弹上来，处于上升的初期，主力没理由这么快就出局。由本例可见，低位的三线死叉并不可怕，如果股价很快止跌企稳，反而是较好的买入时机。投资者应该细心辨别三线死叉的真假，具体情况要具体分析。

第 **4** 章

EXPMA 指标的短线战法

EXPMA 指标又称作指数平均数指标，它是一种趋向类指标，其构造原理是对股票收盘价进行算术平均，并根据计算结果来进行分析，用于判断股票价格未来走势的变动趋势。与MACD 指标、DMA 指标相比，EXPMA 指标的计算公式中着重考虑了价格当天（当期）行情的权重，在使用中克服了 MACD 指标信号对于价格走势的滞后性，同时也在一定程度上消除了DMA 指标在某些时候对于价格走势所产生的信号的提前性，是一个非常有效的分析指标。

EXPMA 指标主要以交叉为买卖信号，金叉则买入，死叉则卖出。当然实际运用没有这么简单，还需要结合大盘和成交量等来研判。

一、EXPMA 指标金叉

EXPMA 指标在一般的软件里默认的参数为 12、50，我们一般用这两个参数。有经验的投资者可以更改参数，市场中有很多人喜欢用 5 和 21，这也值得参考。

EXPMA 指标金叉指 12 日线由下而上穿过 50 日线，这表明短期走势转强，股价很可能继续上涨，投资者可以适当介入。EXPMA 指标通常很难产生金叉或者死叉，一旦产生就有一段较大的持续行情。

运用 EXPMA 指标金叉买入股票对短线投资者可能并不是特别合适，因为此时股价涨幅已经不小。但对于一些风险厌恶者来说，这具有更高的安全性。如果 EXPMA 指标金叉的时候有成交量的配合，则准确度更高。一般情况下，只要金叉后股价不大幅下挫导致指标死叉，都可以一路持股，其上涨空间不会很小。

◉ 实战案例 1

如图 4 - 1 所示，中储股份 2008 年跟随大盘暴跌，直到当年年底才止跌企稳，股价在低位震荡筑底，但股价重心明显上移。2009 年 1 月 20 日，该股继续小幅上涨，看起来也没什么特别的，但此时的 12 日线与 50 日线交叉形成金叉，这是较好的买入时机，因为长期下跌后的 EXPMA 指标说明股价中期趋势走好，后市继续上涨的可能性极大。

当然，我们在判断的时候还需要结合大盘和成交量等来综合判断。该股在前期筑底的时候成交量持续温和放大，说明市场气氛越来越好，介入的力量越来越多。EXPMA 指标金叉后成交量仍能持续放大，这是股价上涨的基础，量价配合形态良好，投资者可积极介入。一般情况下，EXPMA 指标很少频繁金叉或者死叉，万一不久后再度死叉，则应及时出局。

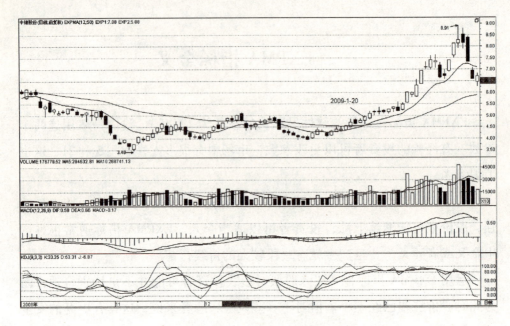

图 4－1　中储股份　600787

○ 实战案例 2

　　如图 4－2 所示，兰生股份前期大幅下跌后终于止跌反弹，不过反弹的力度较弱，股价缓慢上行。股价好不容易跃于 EXPMA 指标的 50 日线之上，但随即横盘震荡，此时 12 日线与 50 日线纠缠在一起。震荡期间，股价始终没有向上突破，因此 EXPMA 指标的 12 日线也始终没有与 50 日线产生金叉，此时不是买入时机。2009 年 1 月 9 日，该股终于冲出震荡区间，开始有力上攻，同时 12 日线与 50 日线产生金叉，这是较好的买入时机。如果你还不能确认这个金叉是否清晰，可以再观察几日，等金叉明显再介入。一般来说金叉之后有一波较大的涨幅，不在乎一天两天的滞后。

　　EXPMA 指标不会像移动平均线那样频繁产生金叉和死叉。股价触底后反弹，产生第一次金叉通常意味着中长期趋势走好，也是短线介入的较好时机，投资者可放心买进。

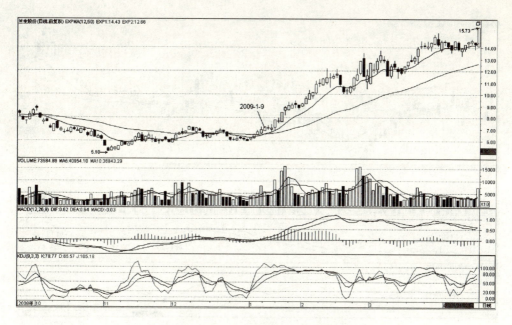

图 4 - 2　兰生股份　600826

实战案例 3

如图 4 - 3 所示，京能置业触底后快速反弹，但反弹到 EXPMA 指标的 50 日线附近受阻横盘。股价震荡多日后终于再度上涨。2008 年 12 月 5 日，该股放量大涨，收出大阳线，股价突破横盘区域，同时 EXPMA 指标的 12 日线与 50 日线产生金叉，预示着中长期趋势走好，后市应该还有较大涨幅，这也是短线投资者安全的介入时机。

该股 EXPMA 指标金叉后总体走势向好，虽然也偶有回调，但总体向上发展，后市涨幅较大，如果能在 EXPMA 指标金叉后介入，然后坚定持股，EXPMA 指标不产生死叉不出局，收获无疑很丰盛。

实战案例 4

如图 4 - 4 所示，世茂股份 2008 年跟随大盘大跌，直到年底才触底反

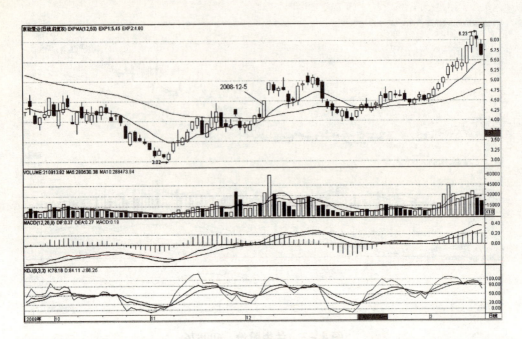

图4-3　京能置业　600791

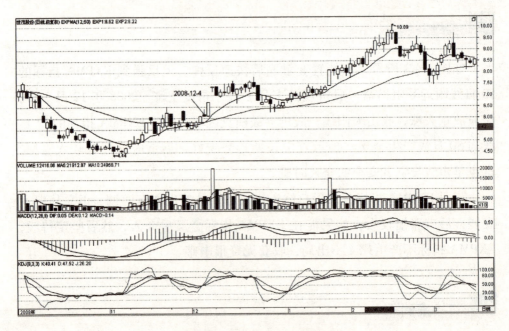

图4-4　世茂股份　600823

弹，股价逐步走高。2008 年 12 月 4 日，该股高开低走收出一根小阴线，但事实上股价跟前日持平。当日的走势看起来波澜不惊，但从 EXPMA 指标却看出了暗流汹涌。因为这时 EXPMA 指标的 12 日线与 50 日线产生了金叉，这预示着中长期趋势走好，后市应该有较大涨幅，投资者可以放心介入，等待收获后市的丰硕果实。

该股在 EXPMA 指标产生金叉后的次日即大幅上涨，强势异常，足见 EXPMA 指标金叉对趋势的牵引作用。该股虽然后市略有波折，但总体向上趋势保持了很长时间，涨幅较大。

○ 实战案例 5

如图 4-5 所示，东方银星大幅下跌后终于开始反弹，股价向上突破 EXPMA 指标的 50 日线后有一个小幅回调，延迟了 EXPMA 指标的金叉产生。2008 年 12 月 2 日，该股大幅上涨，收出大阳线，同时 EXPMA 指标的 12 日

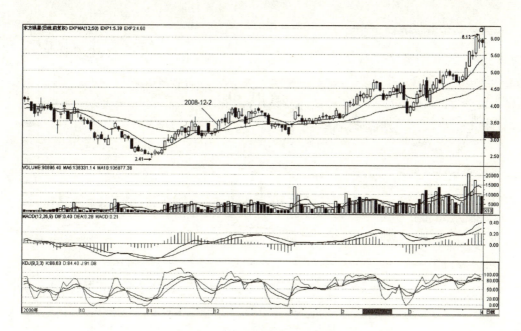

图 4-5　东方银星　600753

线与50日线产生金叉，预示着中长期趋势走好，这是短线投资者介入的良好时机。EXPMA指标通常不太容易产生金叉或死叉，一旦产生了则意味着有一段较长的行情。在中长期趋势走好的背景下做短线自然是最好的选择，而EXPMA指标金叉就给了我们很好的判断依据。

该股EXPMA指标产生金叉后逐波上涨，后市总体涨幅较大。在后期的走势里虽然也有不少回调的阶段，但只要EXPMA指标不产生死叉，我们原则上还是建议持股。

○ 实战案例6

如图4-6所示，时代万恒前期大幅下跌，在低位一段急跌后开始反弹，股价逐波上涨，很快突破EXPMA指标的50日线。2008年12月10日，该股在短暂回调后再度上涨，当日收出大阳线，同时EXPMA指标的12日线与50日线产生金叉，这是中长期趋势走好的标志，投资者可积极介入。此后

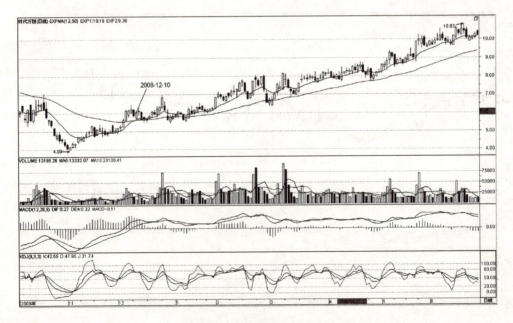

图4-6 时代万恒 600241

虽然还有一些波折，但总体向上趋势始终没有改变。中长线投资者能进场的机会当然也是短线玩家进场的绝佳时机，可以放心买进。

　　EXPMA 指标较少频繁形成金叉和死叉，一旦形成后则表明有一波较大的行情。虽然有时候回调的幅度较大，但只要不产生死叉，即可以继续持股。

⚪ 实战案例 7

　　如图 4 - 7 所示，青海华鼎大幅下跌后开始快速反弹，股价迅速上涨，期间很少回调，表现比较强势。2008 年 11 月 13 日，该股继续上涨收阳，同时 EXPMA 指标的 12 日线与 50 日线产生金叉，说明中长期趋势走好，这也是投资者介入的安全时机。该股虽然此后有一段较长时间的震荡走势，但股价受到 50 日线的明显支撑，也就是说总体向好的趋势基本没有改变，投资者可以放心持股，等待更大收获。

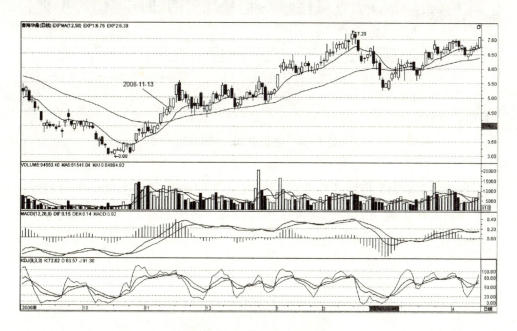

图 4 - 7　青海华鼎　600243

○ 实战案例8

如图4-8所示，中恒集团2008年跟随大盘暴跌，整体跌幅巨大，直到当年11月初才止跌企稳，然后反转向上，股价持续上涨，上行势头非常凶猛。2008年11月19日，该股继续上涨，收出中阳线，此时EXPMA指标的12日线与50日线产生金叉，说明中长期趋势走好，多头基本掌控了局势，投资者可以放心介入。

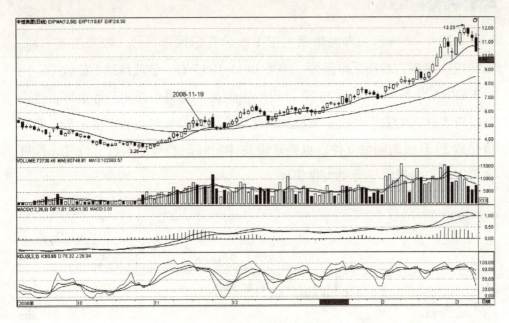

图4-8　中恒集团　600252

该股在EXPMA指标产生金叉后有几天的回调整理，这是正常的表现，只要未来不产生死叉，我们就可以继续持股。该股后市巨大的涨幅也证明EXPMA指标金叉是一个非常好的介入点。

二、第一次金叉后回调到 50 日线

EXPMA 指标金叉是一个较为稳妥的买入信号，但通常买入后继续上涨的幅度有限，然后有一个回调的动作。因为此前股价从底部上涨以来，涨幅不小，主力要继续拉升必然要抬高持股平均价格，否则在拉升过程中将受到获利盘的干扰。那么回调到一个什么位置就是我们要重点考虑的。EXPMA 指标给我们提供了一个较好的信号：当股价回调到 EXPMA 指标的 50 日线附近时，通常会止跌企稳，这是一个较好的买入时机。

股价回调到 50 日线附近的时候，我们需要密切关注股价是否在此位置获得明显支撑，如果支撑可靠则可适当介入，股价再度上行的时候可继续加码。当然这一切都建立在大势没有改变的前提下，我们不能脱离大盘和个股的整体趋势来空谈技术信号。

○ 实战案例 9

如图 4-9 所示，新华百货前期大幅下跌，股价严重超跌。股价触底后快速反弹，很快 EXPMA 指标的 12 日线与 50 日线产生金叉，预示着中长期趋势走好，这是投资者介入的非常好的时机。不过该股后市走势也不是一帆风顺，在产生金叉后股价即持续回调，但在 50 日线附近止跌，然后横盘整理。虽然股价有时候运行在 50 日线之下，但始终没有偏离太远，说明 50 日线的支撑还是较为明显。2009 年 2 月 2 日，该股结束横盘，放量大涨，收出大阳线，这是短线投资者介入的绝佳时机，可以放心买入。

如果说 EXPMA 指标金叉是中长期趋势走好的信号，那么股价回调到 50 日线站稳则是对这个信号的再次确认，自然这也成为投资者进场的最安全的时机。

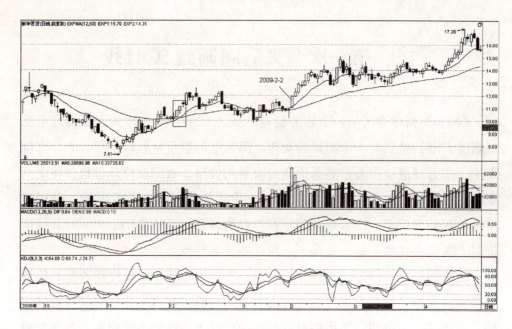

图 4 - 9　新华百货　600785

实战案例 10

　　如图 4 - 10 所示，通策医疗 2008 年也是跟随大盘暴跌，到年底才触底反弹，股价快速上行，不久 EXPMA 指标产生金叉，说明中长期趋势走好，投资者可以进场。该股此后继续拉升，短期内获利盘积累也越来越多，上行压力则越来越大。经过几天的短暂回调，股价在 EXPMA 指标的 50 日线上方获得明显支撑，我们可以密切关注短线介入的时机。2009 年 1 月 6 日，该股突然跳空上行，当日收出大阳线，说明回调结束，后市将继续拉升，投资者可以在盘中积极追进。

　　EXPMA 指标第一次金叉后通常是短线涨幅比较大但有调整压力，因此可能会有一段小幅下跌，消化获利盘。股价回调到 50 日线附近站稳是很好的进场机会，因为这时候股价还处于低位区，回调到位后很可能会进入更强势的上涨阶段。

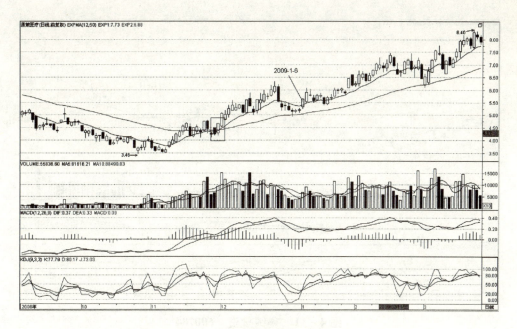

图 4 – 10　通策医疗　600763

实战案例 11

　　如图 4 –11 所示，鲁银投资大幅下跌后终于止跌反弹，股价持续上涨，然后 EXPMA 指标产生金叉，说明下跌趋势结束，股价自此反转向上。不过此后该股并没有直接上涨，而是有一个较长时间的回调整理过程，股价甚至长时间在 50 日线下方运行，看起来非常低迷。事实上 EXPMA 指标是经过平滑处理的，股价即便在 50 日线下方一点运行，也可以看做受到 50 日线的有效支撑，投资者不必惊慌。2009 年 1 月 14 日，该股放量暴涨，当日收出大阳线，宣告整理结束，股价将继续上涨，短线投资者可积极介入。

　　EXPMA 指标在低位的金叉通常预示着股价走势自此反转向上，中长期趋势向好。而股价回调到 50 日线附近获得支撑则是对上升趋势的再次确认，也成为短线投资者喜欢的安全介入点。该股后市的表现也证明了这一点。

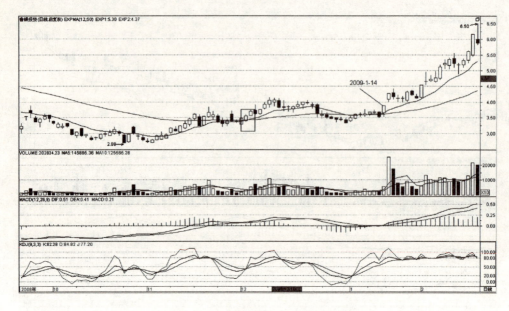

图 4 – 11　鲁银投资　600784

　　如图 4 – 12 所示，天地科技在反复筑底后终于开始上涨，很快 EXPMA 指标产生金叉，说明中长期上涨趋势确立，投资者可放心介入。不过该股在 EXPMA 指标产生金叉后并没有直接上涨，而是有一个小幅回调，股价回调到 50 日线上方后止跌。2008 年 12 月 18 日，该股大幅上涨，收出中阳线，表明回调结束，如果错过了金叉买入的短线投资者可在此时介入。

　　EXPMA 指标在股价低位产生金叉是股价反转向上的标志，预示着中长期趋势走好，是投资者介入的良好时机。如果错过了这个机会，不必着急，当股价回调到 50 日线附近获得支撑再进场也不错，此时进场更为安全可靠，因为这是对中长期趋势向好的再度确认。

　　如图 4 – 13 所示，兰州民百 2008 年跟随大盘大幅下跌，股价严重超跌，

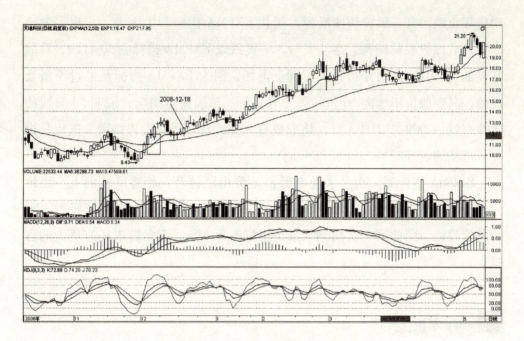

图 4 - 12　天地科技　600582

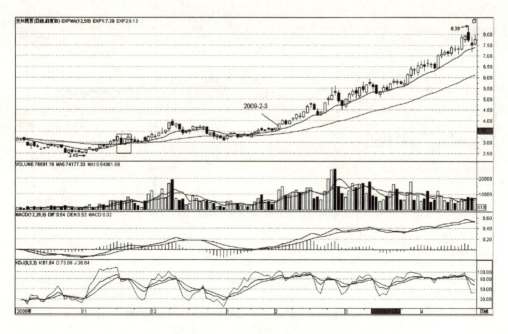

图 4 - 13　兰州民百　600738

到年底止跌回升，股价快速反弹，很快 EXPMA 指标产生金叉，出现一波拉升。然后该股股价回调，逐波下行，一度跌破 EXPMA 指标的 50 日线，看似有点低迷。其实此时走势还没有真正走坏，因为 EXPMA 指标是经过平滑处理的，只要股价不远离 50 日线就不算走坏。该股此后横盘，说明 50 日线的支撑有效。2009 年 2 月 3 日，该股放量大涨，宣告回调走势结束，这也是投资者进场的较好时机。

EXPMA 指标第一次金叉说明股价走势由跌转升，趋势反转向上。而第一次回调则是主力洗盘的动作，其目的一是消化获利盘，二是为了吸纳更多的廉价筹码。因此第一次回调结束是很好的介入点，通常后市还有更大的涨幅。

○ 实战案例 14

如图 4 – 14 所示，浙江医药在大幅下跌后终于止跌反弹，股价逐波上

图 4 – 14　浙江医药　600216

涨，很快 EXPMA 指标产生金叉，说明中长期趋势初步走好，这也是投资者进场的较为安全的时机。该股短暂冲高后逐步回落，股价在 EXPMA 指标的 50 日线附近获得明显支撑，连续收出多根平行走势的小阴线，同时成交量极度萎缩，说明股价难以再下跌。此时投资者可密切关注后市走势，一旦股价启动可及时跟进。

2009 年 1 月 5 日，该股大幅上涨，收出中阳线，宣告回调结束，股价将继续上涨，这也是投资者进场的极佳时机，因为此时是对中长期向上走势的正式确认，后市应该还有较大上涨空间。由于 EXPMA 指标经过平滑处理，通常预示的趋势都比较准确，投资者可以放心进场。该股后市也如期大幅上涨。

○ 实战案例 15

如图 4－15 所示，升华拜克在加速赶底后终于止跌反弹，很快股价跃居

图 4－15　升华拜克　600226

EXPMA 指标的 50 日线之上。随后 EXPMA 指标的 12 日线与 50 日线产生金叉，这预示着中长期趋势向好，投资者可以积极进场。不过该股不久后有个较大回调，股价甚至下跌到 EXPMA 指标的 50 日线下方，还好没有远离 50 日线，可以算是获得支撑，不必过于担心。

2009 年 1 月 6 日，该股收出中阳线，股价重新回到 50 日线上方，至此基本可以确认回调结束，再度上行即将开始，投资者可放心介入。如果说 EXPMA 指标第一次金叉是趋势反转的标志，那么第一次回调到 50 日线附近获得支撑则是对中长期趋势走好的再度确认，此时进场应该非常安全，投资者可放心买进。

○ 实战案例 16

如图 4 − 16 所示，云南城投经过前期的大幅下跌后快速反弹，股价很快攀上 EXPMA 指标的 50 日线，不过这并不能证明走势扭转。此后该股轻微回

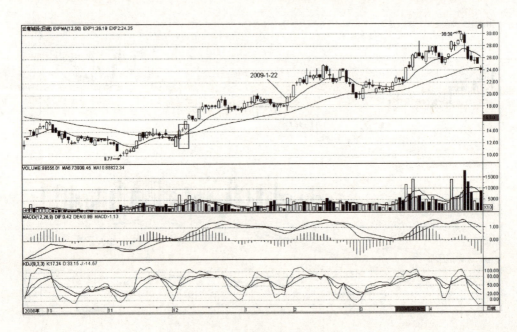

图 4 − 16　云南城投　600239

调后再次加速上行，此时 EXPMA 指标才产生金叉。只有 EXPMA 指标产生金叉才说明中长期趋势走好，此时介入也比较安全。金叉之后该股继续拉升，然后横盘整理，股价略微下跌，但显然受到 EXPMA 指标的 50 日线的支撑。2009 年 1 月 22 日，该股放量大涨，意味着回调走势结束，后市很可能继续上涨，投资者可以在盘中积极追进。

　　该股第一次回调结束后继续上涨，虽然此后有几次回调，但 EXPMA 指标始终没有产生死叉，我们可以放心持股，争取最大收获。

三、第一次死叉后反弹到 50 日线

EXPMA 指标死叉不适合作为短线卖出的信号。EXPMA 指标不太容易产生死叉，一旦产生死叉则是股价已经下跌了较多的幅度，虽然后市还有较大下跌幅度，好像亡羊补牢也不错，但对短线投资者来说显然已经错过了最佳的时机，因此我们不推荐用 EXPMA 指标死叉作为卖出信号。

EXPMA 指标死叉后通常有一个较大幅度的下跌，然后才会反弹。做反弹是短线投资者的爱好，只是很难把握买卖的时机。这里介绍一个较好的卖出信号，即 EXPMA 指标第一次死叉后反弹到 50 日线。经实践证明这个信号的准确度较高，可以参考使用。

EXPMA 指标死叉后意味着中期趋势下跌，这样大幅度的下跌必然有一个较大的反弹，不过一般成交量都比较小，难以形成反转之势。当股价反弹到 50 日线附近时，股价很可能呈现明显滞涨的形态，投资者可在此时暂时出局，万一股价继续强势上涨，则应是遇到了独立于大盘的牛股，到时再追进不迟。

◎ 实战案例 17

如图 4－17 所示，冠福家用（现名"冠福股份"）前期大幅上涨，见顶后迅速下跌，没多久EXPMA指标的 12 日线与 50 日线产生死叉，说明中长期趋势已经转坏，后市很可能继续下跌。该股后市如期下跌，跌幅较大。在一个位置反复筑底后，该股再度上涨，看似走势非常不错。2009 年 9 月 17 日，该股继续上涨，股价走到 EXPMA 指标的 50 日线的上方，普通的投资者可能会认为走势已经完全走好，但根据经验，EXPMA 指标第一次死叉后反弹到 50 日线附近会再度下跌，因此要提高警惕。

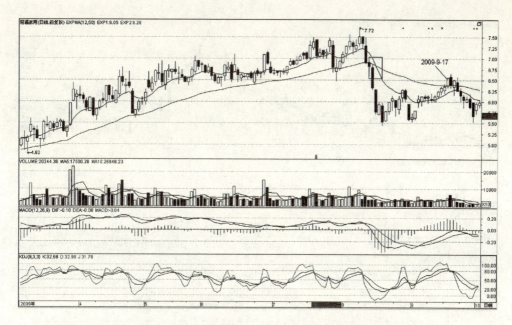

图 4 – 17　冠福家用（冠福股份）　002102

　　该股此后果然立刻反转下跌，继续寻底。可见股价反弹站上 50 日线并不代表中长期趋势走好，反而很可能是反弹的顶部。除非 EXPMA 指标能再度产生金叉。这跟 EXPMA 指标的平滑特征有关，它不容易产生金叉、死叉，一旦产生就是一个可靠的走势信号。

○ 实战案例 18

　　如图 4 – 18 所示，武钢股份前期大幅上涨后见顶回落，股价快速下跌，期间 EXPMA 指标的 12 日线与 50 日线产生死叉，这表明中长期趋势走坏，后市很可能继续疲软。经过大幅下跌后，该股终于重新上涨，股价反弹到 50 日线附近明显受压。2009 年 9 月 15 日，该股冲击 50 日线无果，随后再度下跌，继续寻底。可见第一次死叉后反弹到 50 日线是个阶段性的顶部，短线投资者应暂时出局观望。

　　事实上股价反弹即便站上 50 日线也不代表中长期走势重新走好，除非

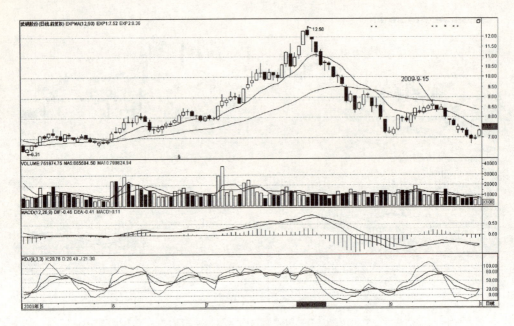

图 4 – 18 武钢股份 600005

再度产生金叉。根据历史经验，第一次死叉后反弹的预期不能太高，到 50
日线附近即可满足。

实战案例 19

如图 4 – 19 所示，首创股份前期逐波上涨，总体涨幅不小。在形成一个
双头后股价反转下跌，直线下挫，很快 EXPMA 指标的 12 日线与 50 日线形
成死叉。这表明中长期趋势已经走坏，投资者应及时离场。此后该股继续下
跌，在一个位置止跌后开始反弹，但步履沉重。2009 年 9 月 17 日该股好不
容易来了一个像样的反弹，当日收出中阳线，成功站上 50 日线，看似还比
较强势，可惜次日即走出一根穿头破脚的大阴线，原形毕露，中长期的下跌
趋势一点都没有改变。

本例再次证明 EXPMA 指标第一次死叉后的反弹幅度不会很大，通常都
到 50 日线为止。本例中该股股价虽然短暂地冲过 50 日线，但可能是主力的

图 4 - 19　首创股份　600008

诱多陷阱，从大幅上涨而没有成交量的配合上就看出一点迹象，投资者还是要小心应对，一旦股价反转则应果断出局。

实战案例20

　　如图 4 - 20 所示，香江控股短线快速拉升后见顶回落，股价逐步下跌，随后 EXPMA 指标的 12 日线与 50 日线产生死叉，预示着中长期趋势走坏，后市将继续低迷。该股后市继续大幅下挫，寻底成功后开始强劲反弹，股价快速拉升。2009 年 9 月 21 日，该股延续前日涨停走势，股价大幅冲高，虽盘中剧烈震荡，但最后还是收出中阳线。这是否意味着中长期走势已经变好了呢？一般而言，EXPMA 指标第一次死叉后反弹到 50 日线附近会形成反弹的顶部，这种可能性很大，该股的后市依然不乐观。

　　该股此后果然反转下行，短期跌幅较大。因此，这种反弹到 50 日线附近是短线投资者出局的较好时机，除非 EXPMA 指标能再次形成金叉，否则

图 4-20　香江控股　600162

很可能形成阶段性顶部。投资者应在股价反弹到 50 日线附近时提高警惕，随时准备出局。

实战案例 21

如图 4-21 所示，中国玻纤（现名"中国巨石"）短线快速拉升后见顶回落，股价迅速下挫，然后 EXPMA 指标形成死叉，说明中长期的趋势已经走坏，投资者应及时出局观望。该股此后果然继续下跌，虽在一个位置止跌后开始反弹，但反弹力量显然有点弱。2009 年 9 月 22 日，该股盘中大幅走高，股价突破 50 日线，但不久即遭到空头大幅打压，股价收于 50 日线下方。此后该股反弹见顶，再度下行。这说明 EXPMA 指标形成死叉后的反弹不能预期太高，通常最多会反弹到 50 日线附近，这也是做短线抢反弹的目标价位。

当然，凡事都没有绝对，也有就此形成反转的，但大多数股票的反弹都受制于这个规律。因此一旦股价反弹到 50 日线附近上攻乏力或受到空头强

图 4 – 21　中国玻纤（中国巨石）　　600176

力阻击的时候，我们应先退出观望。

实战案例 22

　　如图 4 – 22 所示，黑化股份前期大幅上涨，在形成一个双头后股价迅速下跌，很快 EXPMA 指标的 12 日线与 50 日线形成死叉，预示着中长期趋势走坏，投资者应暂时清仓出局。此后该股继续大幅下挫，在形成一个双底后股价大幅反弹。2009 年 9 月 9 日，该股大幅开盘后顺利站上 50 日线，可是随即遭到空头反击，至收盘时股价已经回到前日大阳线的收盘价，可见此处压力重重。此后该股横盘多日，但始终无法真正有效突破 50 日线的压制，最后只能选择再次下跌。

　　一般而言，EXPMA 指标第一次死叉后的反弹都比较弱，很难穿越 50 日线，因此，股价反弹到 50 日线附近的时候，如果股价明显受阻，最好暂时离场观望。

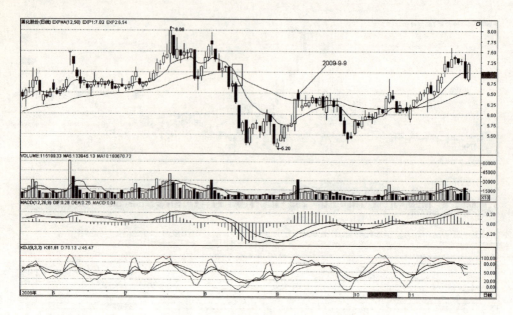

图 4－22　黑化股份　600179

○ **实战案例** 23

如图 4－23 所示，长城电工前期大幅飙升，股价短期的涨幅巨大，然后在高位横盘震荡，看不出主力的意图。久盘必跌，该股最后选择了下行。下行不久 EXPMA 指标便产生死叉，股价继续下跌。两次探底成功后股价开始反弹。2009 年 9 月 17 日，该股跳空上行，收出小阳线，但股价已高高跃居 50 日线上方，这是否预示着转势，后市股价即将上涨呢？我们还不能过早下结论。该股次日即大幅下跌，股价重新回到 50 日线下方。这说明股价短暂突破 50 日线并没有什么特别的意义，反而多是反弹见顶的标志。

该股后市继续低迷，再次说明对 EXPMA 指标第一次死叉后的反弹不能抱有太多希望，反弹到 50 日线附近的时候应该及时出局，收获反弹果实。

○ **实战案例** 24

如图 4－24 所示，亚星客车短线快速拉升后，整体涨幅有点大，然后在

图4-23 长城电工 600192

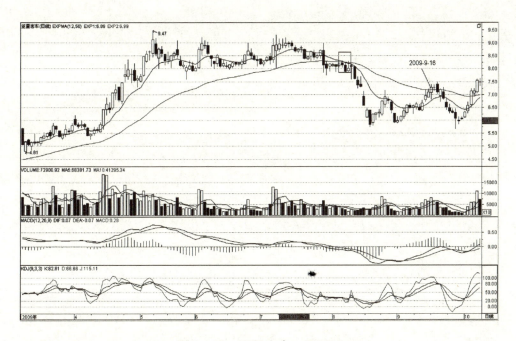

图4-24 亚星客车 600213

高位横盘震荡，最后还是选择了下行。随后不久 EXPMA 指标形成死叉，股价继续下跌。在走出一个双底后该股开始反弹，但反弹到 50 日线附近即再度下跌，继续第三次寻底。

　　EXPMA 指标第一次死叉后反弹到 50 日线附近即到顶，这是一个比较普遍的现象，即便股价短暂跃居 50 日线之上也不代表趋势反转。因此 EXPMA 的 50 日线是一个比较好的反弹目标，一旦股价到此位置需要十分小心。除非 EXPMA 指标再次产生金叉，否则我们只能按反弹来操作，期望值不能太高。

第5章

关键位置的短线机会

很多朋友喜欢整天盯着盘面看，涨则欢喜，跌则忧。这不仅损耗人的精神，对股票研判也没有多大益处。事实上，一只股票的大部分走势都跟随大盘，没有多少特别的意义和分析价值。聪明的投资者更应该学会分析关键位置上个股的表现。那么哪些才算是关键位置呢？不同的投资者有不同的分析方法，喜好也不尽相同。一般而言，前期高点或者低点，支撑位和压力位，重要平均线的位置等，都是关键位置。在这些关键位置上，通常多空争斗较为激烈，争斗的结果往往影响个股的后市走势。因此关注关键位置的走势才是研判的要点。

股价在关键位置向上还是向下突破，通常是一个阶段性行情的起点或者终点，需要认真关注。同时我们还要关注关键位置量能的表现，因为量能是股价上涨的原动力，有量能的支持，股价上涨才显得更为真实。

当然，在实战中也有主力刻意在关键位置制造陷阱，需要我们仔细辨别。

一、突破前高买入

我们在《超级短线 1》一书中提到过突破前高，不过总觉得意犹未尽，因为要判断突破前高是否有效涉及较多的因素，并不是单纯看 K 线的问题。

突破前高能否成为买点，关键在于股价走势处于一种什么样的整体趋势中——是在股价的高位还是低位，是上升趋势的初、中期还是末期？这些都非常关键，不同位置的突破显示的市场含义必定不同，甚至相反。就买点而言，最好是在上升趋势的初、中期出现突破，这样的信号才更为可靠。在上升趋势的末期出现的突破则多为诱多陷阱。

突破有效与否在很大程度上取决于量能，因为突破意味着要给上方的套牢盘解套，没有成交量则值得怀疑。当然，一只股票被高度控盘后也可能不需要量能的放大就能突破，这需要我们关注主力的控盘程度。在上升趋势的初期，突破通常都是带量的，因为那时候主力也是匆忙进场。

判断突破是真是假在实战中确实有一定难度，这就需要我们在实战中跟踪观察。如果一只股票突破后上涨乏力甚至很快跌回前高之下，这很可能是假突破；如果突破后回调不破前高，很可能是真突破。

下面我们结合实例来具体分析一下突破前高的操作技法。

● 实战案例 1

如图 5 - 1 所示，标准股份在 2009 年 2 月一波较大的上涨后大幅回调，股价在 60 日平均线上方获得支撑后再度上行，可是显然受到前期高点的压制，多次冲击新高无果，长时间在前高附近徘徊，上攻无力，下跌也没有动力。2009 年 4 月 7 日，该股终于结束盘局，当日股价跳空上行，最后轻松涨停，股价跃居前高之上，算是成功突破前高。

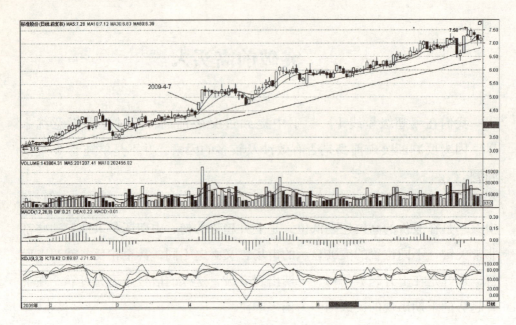

图 5 – 1　标准股份　600302

　　像这样以涨停突破前高的方式应是最强势的动作，肯定不是散户行为。既然主力做多决心如此鲜明，那么后市肯定还有较大涨幅，即便是涨停板上追进也没多少风险。以涨停方式突破前高可以说是主力吹响的冲锋号角，短线投资者积极跟进也是理所当然的。虽然当日没有成交量的大幅放大，但是正是这样的涨停才显出主力控盘度较高，可以轻松把股价拉至涨停。

实战案例 2

　　如图 5 – 2 所示，南化股份（现名"＊ST 南化"）在一波快速上涨后见顶回落，股价迅速下挫至 60 日平均线后获得支撑，然后重新上升，但股价上涨到前高附近即调头下行，说明前高的压力巨大，多头暂时无力攻克。此后该股还有多次冲击前高的动作，但都以失败告终，前高区域的压力成为一道无法逾越的天堑。股价就这样反复上下，长时间处于横向震荡走势中，直到 2009 年 6 月 9 日才终于大幅上涨，强势突破前高，至此前途一片光明。

后市该股逐波上行，涨幅不小，但仍不能算是同期的强势股。究其原因应该在于该股在突破前后都没有多大量能放出，可见市场追捧意愿不足，其走势更多是跟随大盘。

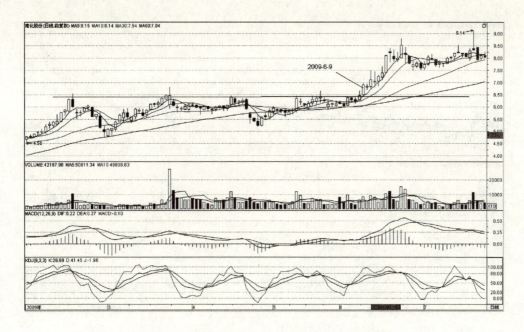

图 5 – 2　南化股份 （＊ST 南化）　　600301

按常规来说，横盘越久，突破后的走势越强劲，但本例中该股表现并不出色，这说明股价推动还是需要资金的。该股长期平淡的成交量显然不足以大幅推动股价，表现一般也就在情理之中。因此，要追寻强势股就不能忽略成交量的表现。

实战案例3

如图 5 – 3 所示，恒顺醋业前期有一个较大的涨幅。2009 年 7 月，该股阶段性顶部形成，股价逐步下跌，跌幅不小。此后该股形成一个双底后再度上行，但股价受到前高的压制，再度回落寻底，在前面的底部附近获得支撑后重新上涨。2009 年 11 月 10 日,该股终于大幅上涨,股价冲过前高的压制,上升空间被重新打开,投资者可以积极跟进。后市该股果然持续上涨,涨幅不小。

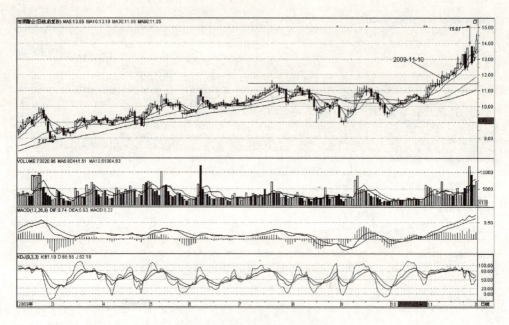

图 5 – 3　恒顺醋业　600305

本例中该股突破前高所费的时间较长,但也正因为蓄势充分,突破才更令人信服。该股在突破前持续温和放量,这是一个较好的量价配合表现,后面的突破也可以说是顺理成章,投资者短线跟进安全度较高。

● **实战案例 4**

如图 5 – 4 所示,酒钢宏兴大幅下跌后有两波较强劲的反弹,股价突破60 日平均线,反转之势基本成立。只是随后不久该股深度回调,再次跌至60 日平均线下方,获得支撑后股价再度上行。在前高附近该股一反常态,开始加速上行。2009 年 2 月 5 日,该股大幅上涨,几乎涨停,并留下一个明显的向上跳空缺口。这也是强势突破的一个方式。向上跳空缺口本身就带有巨大的力量，加上当日几乎涨停，投资者没理由不追进。

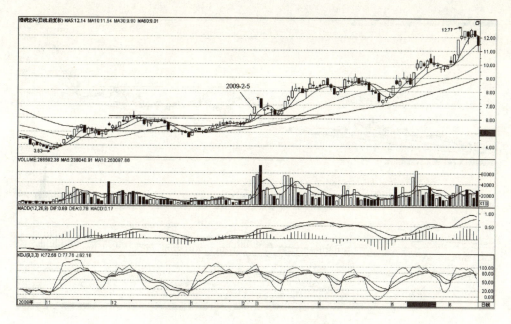

图5-4 酒钢宏兴 600307

本例该股的突破之所以值得积极追进，还在于前期的洗盘较为充分。该股洗盘时间较长，回调幅度深，让胆小又没耐心的投资者自动出局。另外该股在回调的时候，成交量明显萎缩，说明主力控盘度较高，连对倒恐吓的手段都免了。当然回调获得强力支撑是短线投资者比较喜欢抓的一个买入时机，不过对于求稳妥的投资者来说，突破前高才是一个合适的机会。

实战案例5

如图5-5所示，洪都航空一波快速上涨后回调整理，在30日平均线附近获得支撑后进入长时间的横盘走势中。横盘期间该股也有一次挑战前高的行为，但被无情打压回去。直到2009年7月8日，该股才大幅上涨，股价突破前高位置，前途豁然开朗。投资者可以在确认收盘无碍的时候适当追进。次日该股跳空上行，开始短线快速拉升，短期涨幅较大。

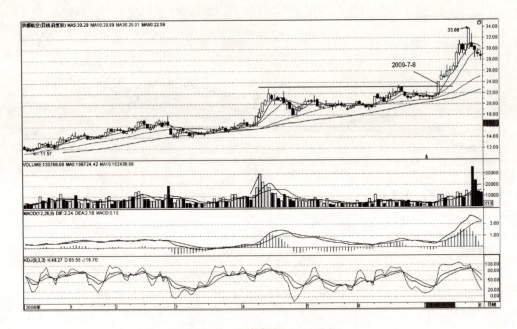

图 5-5　洪都航空　600316

本例该股突破的时候缺少量能的支持，为什么还能大幅上涨呢？主要原因在于大盘向好，另外该股前期的涨幅并不大，经过长时间的整理蓄势后，主力重新掌握话语权，控盘度更高。再加上利用军工题材作为炒作引爆点，后市轻松拉升也是可以理解的。像这样无量的拉升突破，短线投资者需提高警惕，一旦异常放量则可能意味着上涨行情的结束。

实战案例 6

如图 5-6 所示，上海贝岭前期几波大幅上涨后终于见顶回落，不过下跌幅度不是很大，股价在 30 日均线上方获得支撑，然后横盘震荡，走出一个小型的箱体，上下两难，持续时间较长。2009 年 7 月 13 日，该股放量大涨，股价一举突破前高，看似非常强势。带量的突破通常是追进的好时机。该股后市也如期上涨，但上涨的幅度不大，随即反转下跌，跌幅巨大。

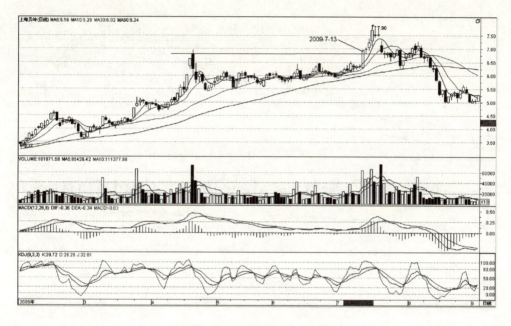

图 5－6　上海贝岭　600171

回过头来看，该股 7 月 13 日的突破更像是主力的诱多陷阱，突破后短暂拉高，在此过程中主力已经悄悄潜逃。当然现在这样说有点马后炮的意思，但至少说明一个问题，那就是在前期涨幅比较大的前提下，任何的追涨都充满风险，作为短线投资者来说，即便追进了也要注意止损。事实上，在该股突破的时候追进，如果能及时出局还是可以得到较大收获的。

○ **实战案例 7**

如图 5－7 所示，雅戈尔前期逐步上涨，累积的涨幅巨大。2009 年 7 月初该股明显滞涨，连续横盘，收出多根小阴线，股价呈平行走势。2009 年 7 月 14 日，该股突然强劲上涨，收出中阳线，突破前期高点和盘局，看似可以看高一线。可是此后该股并没有继续上涨，横盘挣扎了几天后调头直下，短期跌幅巨大。

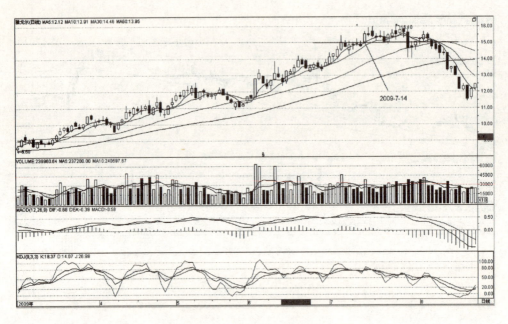

图 5 – 7　雅戈尔　600177

如果说上例的假突破还能让短线投资者小有收获的话，本例的突破则是一个彻头彻尾的陷阱，一不小心就会被深套。这是一个典型的诱多陷阱，判断的最大根据就是股价前期涨幅过大，而突破的时候又没有得到量能的支持。因此，追进的短线投资者在后市无力上攻的时候应该趁早出局。

实战案例 8

如图 5 – 8 所示，三一重工自 2008 年的大底反转后逐波上涨，至 2009年 7 月累积的涨幅已经非常大。7 月底该股在高位横盘震荡。8 月 4 日该股大幅上涨，股价轻松突破前高，同时成交量明显放大，看似新一轮的上涨拉开了大幕。可是该股次日即反转下跌，后市更是连续下行，跌幅较大。回过头来看，该股8月4日的突破是典型的假突破，应为主力掩护出逃的诱多陷阱。

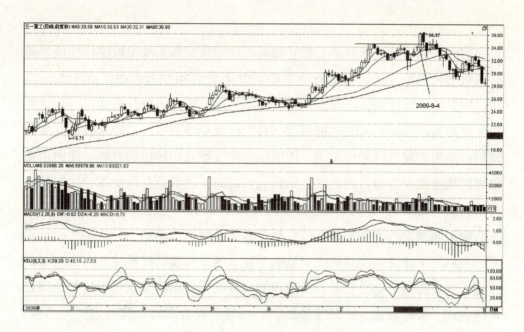

图5-8 三一重工 600031

但当时如何判断呢？除了大盘的因素外，个股本身涨幅也已经很大，股价高高在上，主力随时都有出逃的冲动，因此蕴含的风险也极大。另外该股突破的时候虽然量能有所放大，但与前期各波段上涨的量能相比相差较远，萎缩明显，说明市场追涨意愿并不充足，当日量能放大更多是主力自导自演的结果。

对于这种股价又高，突破时又没有量能支持的股票，我们还是要谨慎行事，不能盲目进场，即便进场了也要做好止损，因为这种股票一旦反转，后市下跌的幅度通常不会小。

二、过前高回踩买入

前面我们讲到过前高是个很好的买点，但我们在实战中可能往往错失这样的机会。这不要紧，很多股票突破后并不会直接拉升，而是有个回踩动作，即股价小幅回调，以测试下方的支撑，同时清洗部分获利盘。

要把握回踩时介入的时机不难。对于已经突破的股票，如果股价开始回调到前高附近就可以密切关注。按照压力和支撑互相转换的原理，压力位被突破后将变成支撑位，因此股价回调到前高附近通常会获得支撑，这时就是较好的买入时机。利用回踩进场也需要做好止损，一旦股价跌回到前高之下，则说明前面的突破是假突破，投资者应及时止损出局。

我们要关注突破前后的成交量的变化，通常突破的时候应该有成交量的放大，这说明做多动力充足，而回调的时候则会显示明显缩量，这是持股稳定的表现。涨时放量、跌时缩量是较好的量价配合形态，具备这两个条件，一旦股价回踩前高时获得明显支撑便可积极介入。

○ 实战案例 9

如图 5 - 9 所示，贵州茅台在一波上涨后回落至 60 日平均线上方。然后进入长时间的横盘整理走势中，股价在一个较小的区间上下震荡，上难以突破前高的压力，下则受到 60 日平均线的支撑。几个月以后该股终于向上突破成功，股价跃居前高之上，不过并没有直接上行，又再次陷入震荡中。2009 年 6 月 12 日，该股盘中股价下跌，但在前高价位附近受到明显支撑，最后只收出小阴线。几天后的 6 月 23 日，该股盘中股价大幅下探，但同样受到前高的支撑，最后收出小阳线。

过前高后股价经常会回踩前高，测试前高的支撑是否扎实，这也留给投资者很好的介入时机。本例中该股 6 月 12 日和 6 月 23 日两次下探前高位

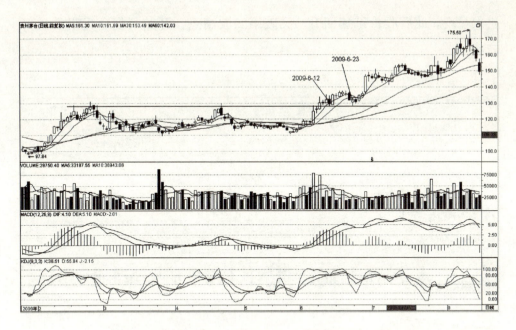

图 5 - 9　贵州茅台　600519

置，都受到明显的支撑，是很好的买入时机。一般来说，前高突破后，压力位就转换成支撑位，如果测试可靠，则表明此处是一个阶段性的底部，后市应该还有较大涨幅，投资者可积极介入。后市该股逐波上涨，涨幅不小，验证了过前高后回踩是个很好的买入点。

○ 实战案例10

　　如图 5 - 10 所示，山东药玻探底成功后开始逐波反弹，但反弹的力度不够大，过 60 日平均线后持续盘整，然后才突破前高继续上行。不久后股价回落，下跌至 30 日平均线附近才初步站稳。2008 年 11 月 25 日，该股继续下探测试 30 日平均线的支撑，这也是前高位置，股价在此明显受到强劲支撑，空头再也无力下压。此后不久股价回升，可是在前高位置又受压下跌，再次回到第一波高点附近，不过又得到多头的强力支撑。2008 年 12 月 12 日，股价大幅下挫，但有惊无险地在前高位置止跌，次日收出小阳线，支撑再次显现。此后股价迅速回升，突破第二波高点，开始了畅通无阻的上升之旅。

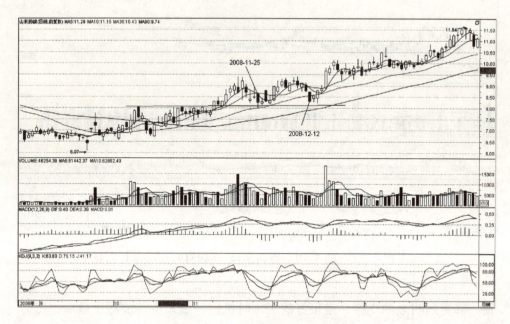

图 5 - 10　山东药玻　600529

　　在上升初期，在中期平均线走好的情况下，股价突破前高回踩是个较好的买入点。买入的前提条件是股价回调不能跌回到前高之下。如果是地量回踩且支撑明显，则买入更为可靠。本例中该股两次回踩均成功站稳，前高的支撑十分明显，是买入的良机。

○ 实战案例 11

　　如图 5 - 11 所示，狮头股份（现名"＊ST狮头"）前期逐波上涨，上涨幅度较大。2009 年 7 月底该股突破前高（如图横线所示），但在上行途中一步三回头，期间股价多次下跌回踩前高位置，且支撑明显，看似主力在夯实基础。未曾想 8 月 13 日，该股暴跌，股价轻松跌穿前高的支撑，此后更是加速下挫，短期跌幅巨大。为什么多次回踩验证了的支撑如此不堪一击呢？要寻找答案还得从整体出发。该股自 2008 年年底形成底部反转以来，持续上涨，虽然没有快速拉升过，但总体涨幅也不小，累积了大量的获利盘，它们随时都可能出逃。而大盘到了 2009 年 7 月底也有阶段性顶部的特征，此时该股虽然突破前高，但同样跟大盘一样处于犹豫之中，市场追高的意愿显然不高，因此当大盘反转向下的时候，该股跟随反转下行也就在情理之中了。

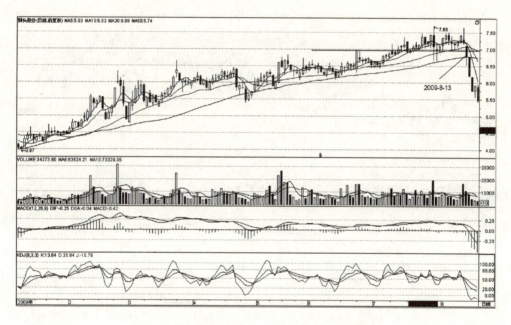

图 5 – 11 狮头股份 （*ST 狮头） 600539

总之，在股价高高在上的时候，过前高就要十分小心，提防主力借拉高出逃。如果股价过前高后迟迟不能快速上行，则需要减仓，一旦股价反转则更应清仓出局。

实战案例 12

如图 5 – 12 所示，厦门钨业在 2009 年上半年的小牛市中与其他有色金属类个股领涨，经过几波上涨，涨幅已经非常惊人。2009年7月20日，该股放量拉出大阳线，股价轻松越过前高，看似还有更大涨幅在后面。可是次日该股即回落。7月29日，该股跟随大盘大幅下挫，直接挑战前高的支撑。还好最后收于前高位置之上，支撑经过考验证明可靠。此后该股也如期恢复上涨，不过很快又反转下跌，股价跌穿前高位置后更是加速下跌，短期跌幅较大。为什么前面如此优美的涨势没有继续，反而更像个陷阱呢？

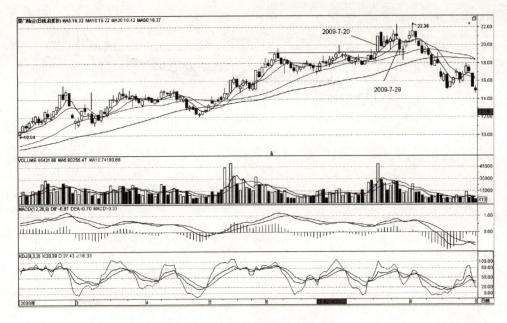

图 5 – 12　厦门钨业　600549

除了股价整体涨幅太大的原因外，我们还从成交量可以看出端倪。该股放量突破前高的位置，按常理是较好的量价配合形态，但成交量也放得太大了，近乎天量。这么大的成交量说明买盘踊跃，但也说明出货的人不少，难免有主力借拉高出逃的嫌疑。后来该股能维持股价横盘，看不出主力到底想干吗，但最后股价跌破前高，说明主力已经逃跑得差不多，在用剩余的筹码砸盘。因此，股价整体涨幅较大的情况下，即便突破前高，也可能是主力的诱多陷阱，投资者应小心。

○ **实战案例 13**

如图 5 – 13 所示，生益科技在一波上涨后陷入长时间的横盘中，股价在一个较小的空间内上下震荡，做短线几乎不太可能，只能等待股价突破横盘区域。2009 年 7 月 16 日，该股盘中大幅上涨，但遭到空头的强力反击，最后留下很长的上影线，同时成交量大幅放大。这就让人有点看不明白，股价已经明显冲过前高位置，但是又留下这么长的上影线，显然空头力量也足够强大。

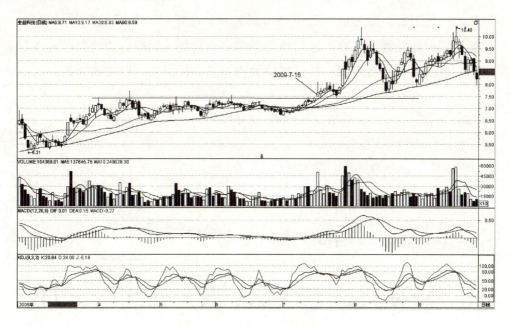

图 5 – 13 生益科技 600183

这是真正的突破还是假突破真出货？让人实在难下结论。不过既然量能明显放大，且收盘价已经明显突破前高，我们姑且看多，可以继续观察。该股随后小幅上涨即回调，但显然受到前高位置的支撑，同时成交量明显萎缩，说明没有主力出逃，此后股价反转向上，投资者可以积极跟进。

一般来说，过了前高后的下跌是不是主力的短暂洗盘行为，成交量是个重要的研判要素：如果成交量明显萎缩，则洗盘的可能性要大点，股价一旦在支撑位站稳，我们可以适当介入，股价开始反转向上时则可以加码。

○ 实战案例 14

如图 5－14 所示，安阳钢铁前期缓慢爬升，走势一般。2009 年 7 月 6 日，该股终于一改疲软走势，股价大幅上涨，股价轻松突破前高，收出大阳线，同时成交量密集放大，显示出多头强劲的实力，投资者做多的热情被点燃。可是该股次日并没有继续上涨，而是小幅下跌，同时成交量继续放大，这让人难免担心，因为这种态势很像假突破。还好第三日该股低开后走高，显然受到前高位置的支撑。此后该股继续小幅震荡，但股价始终处于支撑位之上，说明支撑非常牢靠。此后该股加速上涨，投资者可以加码介入。

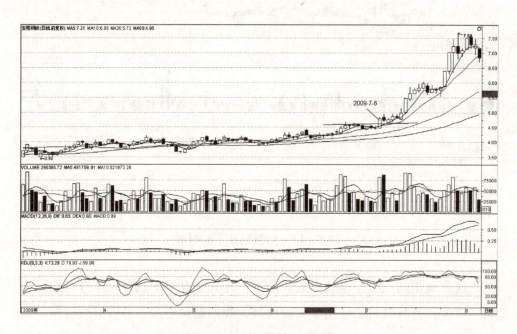

图 5－14　安阳钢铁　600569

股价突破前高后经常会出现回调，我们要特别关注回调能否在前高位置获得支撑。如果跌回到前高之下，说明是假突破。即使获得支撑，也不是最佳的介入时机。比较好的时机应该是回调结束再度上行的时候。因此回调到位后能否再度启动是我们要抓住的关键时机。

实战案例 15

如图 5－15 所示，新华光（现名"光电股份"）在一波较大的上涨后深幅回调，股价逐波下跌，一直到 60 日平均线上方才获得支撑，此后再度上行。2009 年 3 月 30 日，该股跳空上行，成交量大幅放大，股价成功突破前高的压力，前途似乎一片光明。不过次日该股小幅下跌，考验前高的支撑，当日支撑比较明显。第三天该股却跳空低开，股价一下子回到前高之下，这就让投资者难免有点惊慌，因为我们前面刚说过，过前高后很快跌回到前高之下很可能是假突破，还好该股盘中大幅上涨，最后收出大阳线，强势上涨态势明确。

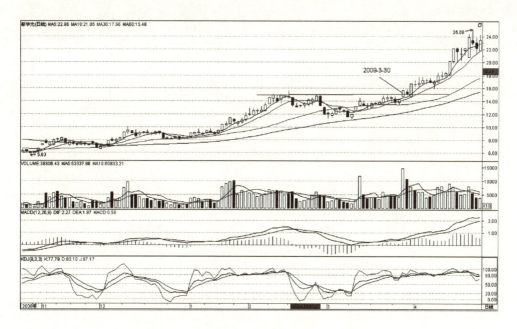

图 5－15　新华光（光电股份）　　600184

　　本例的价值在于让我们掌握一个评估股价是否跌回前高之下的要点，那就是需要用收盘价来评估，不能因为盘中股价跌回前高之下就说突破是假，最后还是要以收盘价为准。特别是在当下的市场，主力经常刻意制造诱空陷阱，投资者要有较好的心理素质才能应付。

三、跌破支撑位卖出

我们经常听到别人讨论股票的时候提到支撑位，但很多朋友并不理解什么是支撑位，操作不免有些盲目，在已出现股价支撑的时候却在低位卖出股票，甚为可惜。那么什么是支撑位呢？支撑位通常指当市场上的股价达到某一水平位置时，产生的一条对股价起到支撑作用，影响股价继续下跌的抵抗线。

（1）上升趋势中的支撑位。

在上升趋势中，股价回调获得支撑，我们都会适时逢低买进，但如果股价并非回调，而是直接跌破了支撑位，那情况就完全不同了，这意味着多头的一道防线被击破，后市还将有更大跌幅，因此跌破支撑位是出局的明确信号，其可靠性相当高。

（2）下跌趋势中的支撑位。

在下跌趋势中，股价也可能在一个水平位置获得支撑，然后展开反弹。当反弹结束后，股价可能会持续下跌，并且跌穿前期形成的支撑位，这意味着下跌趋势将延续，做短线的投资者此时也别无选择，只能出局。

（3）支撑位与压力位的互换。

支撑位被击穿后就会顺势转换成压力位，因为支撑位集中了较多的持股者，一旦击穿则意味着众多的筹码被套牢，以后股价反弹到此处必然受到解套盘的巨大压力。

（4）支撑位陷阱。

在市场中也不乏跌破支撑位的陷阱，这通常是在股价上涨的初、中期，主力为了洗盘而刻意打压股价，故意跌破支撑位，造成恐慌气氛来逼迫散户交出筹码。这需要我们对股票的整体走势做综合研判，不要被主力轻易洗出来。通常这样的跌破支撑位幅度不会很大，持续时间也不会很久，毕竟这种洗盘对主力也有杀伤力，很可能导致自己流失筹码。

● **实战案例 16**

如图 5-16 所示，大龙地产运行在明显的下跌趋势中，平均线呈空头排列，虽然期间也有不少反弹，但基本受制于 60 日均线的压制，可见走势疲软。2008 年 5 月到 7 月，该股在小幅反弹后沿着 60 日平均线窄幅震荡，走出一个平行箱体走势，下档的支撑较为明显，但上升的空间又不大。2008 年 7 月 30 日，该股大幅下跌，收出中阴线，股价跌穿下档的支撑位，宣告平行震荡走势的结束，股价将下行。

图 5-16 大龙地产 600159

一般而言，股价支撑位被击穿后都有较大的跌幅，直到寻找到下一个支撑位，因此股价跌破支撑位必须清仓出局。

该股跌破支撑位后果然持续下跌，跌幅甚大。可见跌破支撑位是一个较好的卖出信号，万一没及时卖出，第一次反弹到前支撑位置的时候也要出局。

○ **实战案例 17**

如图 5 - 17 所示，中国玻纤（现名"中国巨石"）在 2008 年跟随大盘持续下跌，平均线系统呈明显的空头排列，即便有反弹，也表现甚弱。2008年 7 月，该股走出一个平行的震荡走势，也就是坊间所说的箱体，股价在箱体下边线获得支撑止跌反弹，到上边线则反转下跌。2008 年 8 月 8 日，该股小幅击穿箱体的下边线支撑，虽然跌幅不大，但已经有破位的迹象，敏感的投资者应该会割肉出局。次日该股果然大幅下跌，后市更是跌幅巨大。

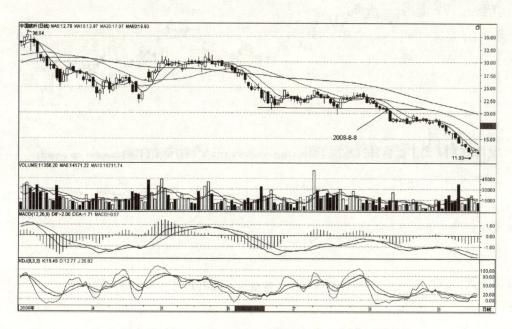

图 5 - 17　中国玻纤（中国巨石）　　600176

一般而言，支撑位是多头阻击的重要防线，在此位置多头聚集，也是多空交战的焦点，一旦股价跌破支撑位，说明空头已经击败多头，防线崩溃，股价后市自然会继续下跌。因此股价跌破支撑位时我们只能选择出局，也算是顺势而为，不做无谓的牺牲。

○ 实战案例 18

如图 5-18 所示，雅戈尔自高位逐波下跌，一段急跌后该股开始反弹，不过反弹到 60 日平均线附近又反转下跌。2008 年 1 月 28 日，该股大幅下跌，收出大阴线，当日不仅重挫，更是跌破前期反弹起点。这意味着反弹行情彻底结束，后市必将有更大跌幅。

图 5-18　雅戈尔　600177

一般来说，反弹的起点是多头介入的开始，也是多头防守的关键位置，通常会形成较强的支撑，一旦股价跌破反弹的起点，则意味着支撑已经被打穿，防线已经被空头有效突破，多头在此基本宣告投降，后市下跌的可能性较大，这自然也成为中短线投资者逃命的最后机会，再不能带有侥幸心理。

支撑位被突破后就会顺势变为压力位，后市反弹通常会受制于这样的压力位。该股后市如期下跌，反弹也基本受到压力位的压制，走势相当疲软。

○ **实战案例 19**

如图 5-19 所示，兖州煤业在大幅上涨后长时间横盘整理，然后再度加快上涨，显得非常强势。2009 年 8 月中旬，该股终于冲高回落，形成一个小型的头肩顶形态。8 月 17 日，该股大幅跳空下挫，收出大阴线，股价跌穿头肩顶的颈线。一般而言，头肩顶的颈线是重要的支撑位置，跌穿颈线意味着多头已经放弃抵抗，防线崩溃，后市应该有较大跌幅，投资者应及时离场。

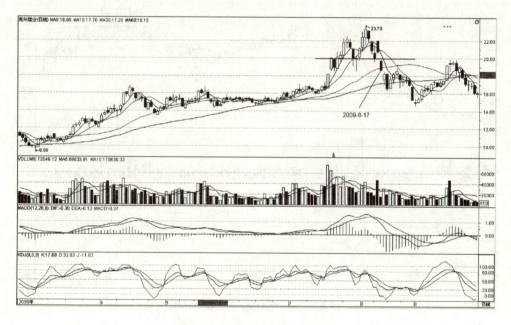

图 5-19 兖州煤业 600188

投资者喜欢研判技术图形，像头肩形、旗形等，这些图形在实际操作中确实具有较高的准确性。头肩顶、双顶等形态的颈线不仅是形态形成的标志，同时也是重要的支撑位置，如果股价跌破颈线，则意味着至少还有与颈线到最高价的距离等高的跌幅。该股跌破颈线支撑位后如期下跌，跌幅不小。投资者可以在实战中关注颈线位的支撑。

○ 实战案例 20

如图 5–20 所示，巨化股份经过几波上涨后终于有见顶迹象。2009 年 8 月初，该股冲击新高未果，形成双头模样。8 月 12 日，该股大幅下跌，收出大阴线，股价有效跌破双头的颈线位，这不仅意味着双头图形正式成立，而且意味着颈线的支撑已经被击穿，多头的防线就此崩溃，后市继续下跌已经没什么悬念。

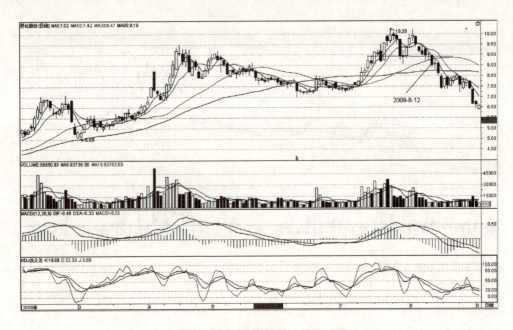

图 5–20　巨化股份　600160

颈线位在技术走势中是重要的支撑位置，多头在此设置了重兵防守，一旦被击穿，说明空头力量远大于多头，多头只能缴械投降。因此在这样的关键位，股价的走向非常重要，投资者应加倍关注，如果颈线没有被击穿，说明支撑有效，很可能形成箱体的震荡走势，但还不能确定股价未来的方向选择；一旦颈线被击穿则必然还有较大跌幅，投资者只能选择离场观望。

○ 实战案例 21

　　如图 5-21 所示，联美控股前期逐波上涨，涨幅较大，然后在高位横盘，股价在一个很小的区间上下震荡，上档有压力，下跌有支撑，看不出方向。2009 年 7 月 29 日，该股跟随大盘暴跌，股价轻松跌穿下档支撑，这意味着横盘走势结束，股价将下行，此时通常是投资者卖出的时机。不过该股随后又反弹到原来的下档支撑位之上，看似股价走势重新走好，有些投资者可能会在此再次介入。这也没有错。可惜该股不久即再次反转下跌，股价很快回到原支撑位之下，这应该是下跌走势的正式确认，抢进的投资者无论如何要割肉离场了。

图 5-21　联美控股　600167

　　该股跌破支撑后的走势比较怪异，能很快回到支撑位之上，大概是受大盘涨跌的影响。当股价第二次跌破下档支撑的时候，应该是比较准确的下跌信号，投资者此时再不能有半点侥幸心理。该股后市的走势也如所料一样疲软，能及早离场是理智的选择。

○ **实战案例22**

如图5-22所示，卧龙地产前期缓慢上涨，然后加速上行，短期涨幅较大，此后在高位震荡横盘，期间也有短暂冲高，但很快即回落，基本在一个水平位置横盘，走出一段平行走势。2009年8月14日，该股大幅下跌，股价终于跌破此前的水平支撑位，这表明多头最后的防线已经被击破，空头已经占据绝对优势，后市继续下跌已经是大概率事件，也是较好的出局信号。

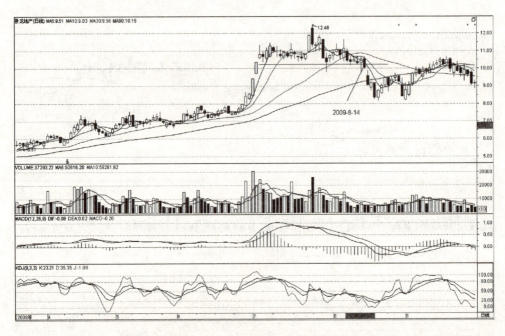

图5-22 卧龙地产 600173

该股跌破支撑后如期下行，股价快速下跌。虽然此后该股也有一次较大的反弹，但明显受到前支撑位的压制，这也是支撑转换为压力的表现。

○ **实战案例 23**

如图 5 - 23 所示，中信证券前期大幅上涨后终于见顶下跌，股价像瀑布一样下坠，一直到前期最后一波上升的起始点位置才获得短暂喘息。这个位置集中了大量的筹码，形成较强支撑也不难理解。不过该股的下跌走势实在强悍，在这个支撑位只横盘了两天即突破下行，可见这次下跌空头的力量有多么凶猛。既然这样的支撑位都不能像样地抵挡一下，说明空头的下跌动能十分巨大，后市应该还有较大的下跌空间，幻想抢短线反弹的投资者此时也只能割肉出局。

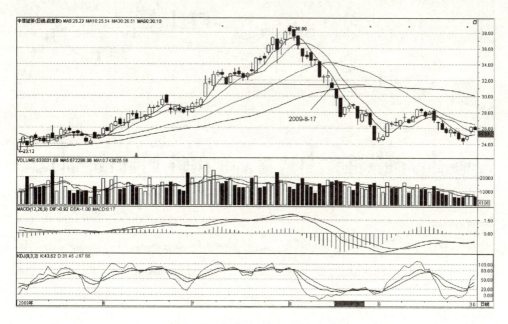

图 5 - 23 中信证券 600030

市场中的支撑位不仅有我们已经介绍过的横盘的下边线，也有典型形态的颈线，还有本例所看到的前期的起涨点，这些都是我们需要密切关注的点位，一旦跌破，则预示着短期还有继续下跌的动能，应暂时回避。

◯ **实战案例 24**

如图 5 - 24 所示，华资实业前期大幅上涨后在高位明显滞涨，勉强冲高后终于反转下跌。2009 年 8 月 14 日，该股跌破最近几次测试的支撑位，预示短期股价已经走坏，短线投资者应该立刻出局，不能抱太多幻想。接着股价继续大幅下挫，跌破前面横盘时形成的支撑位，可见空头力量相当大。股价连续突破支撑位，说明空头主力去意已决，后市应该还有下跌空间，投资者最好暂时回避。

图 5 - 24　华资实业　600191

该股在大幅下跌后也有几次反弹，但都受制于前期的支撑位（以前的支撑位跌破后就自然形成压力位），这也是短线抢反弹的投资者需要密切关注的点位，设定目标价位的时候可以参考一下。

四、反弹到前高卖出

短线投资者大多喜欢做反弹，但抢反弹的风险很大，如果把握不好，就有可能用刀的反被刀所伤。本节介绍一个有典型意义的反弹卖出的方法，那就是反弹到前高附近出局。

在下跌趋势中，可能有数浪反弹，那么前面的高点就可能成为后面反弹难以逾越的压力位，反弹到该位置的时候往往也是反弹到尽头的时候。一个阶段性的高点形成后，通常积累了较多的套牢盘，没有足够的实力是不足以解救这些套牢盘，也就是说要突破前高十分困难。

在下跌趋势中，由于市场气氛惨淡，参与的力量比较稀少，反弹多是一些短线投机行为，那么反弹到前高附近的时候，一旦面临前面无数的套牢盘，那些短线抢反弹的投资者必定夺路而逃，加上割肉的力量，后市很快重归跌势是很难避免的。因此，反弹到前高附近，一旦股价滞涨则需第一时间出局。

反弹到前高附近卖出是下跌趋势中的通常做法，其准确度较高。但是如果股价确实已经大幅下跌，具有较高的投资价值，也许主力会逢低建仓，后市股价反转也是可能的。这要根据大盘和成交量等来综合研判，不能生搬硬套。

● 实战案例 25

如图 5 - 25 所示，华仪电气自 2007 年 9 月的历史高位迅速下跌，当年 10 月除权后还继续下跌了一段。此后该股大幅反弹，股价甚至跃居 60 日平均线之上。不过在大盘的低迷走势影响下，该股还是重归跌势，快速下行到 60 日平均线附近才止跌回升，股价缓慢上涨。2008 年 3 月 4 日，该股挑战前高失败，再度反转下跌，股价短期内折去一半有余。后市的巨大跌幅不是我们这里要关注的，我们关注的是大跌前的反弹。在长期的下跌趋势中，股

价也有逐浪的小型反弹，但通常都会受到前期高点的压制。本例该股就是一个典型，值得我们牢记。

图 5－25　华仪电气　600290

在下跌途中，股价走势受到大趋势的压制，在反弹中成功抄底而又没有及时撤退的资金也有逃跑的欲望，一旦股价再度反弹到前期高点，其出逃欲望是相当强烈的。因此在这样的反弹中，短线操作者应盯紧前高位置，一旦不能冲过压力区则需要及时出局。

◉ **实战案例 26**

如图 5－26 所示，九龙电力（现名"中电远达"）整体运行在下跌趋势中，在一波较大的反弹后再度下挫，股价在 60 日平均线附近获得支撑后再度上行。2008 年 3 月 3 日，该股突然放量大涨，当日收出大阳线，此时距离前高已经只有一步之遥了。这是主力强势攻击的表现吗？从表面上看起来确实有反转的架势。可是此后几日该股始终无法突破前高的压制，最后只能再度反转下跌，后市跌幅巨大。

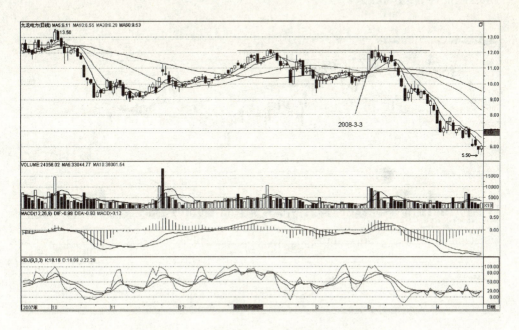

图 5 – 26　九龙电力（中电远达）　　600292

回过头来看，2008 年 3 月 3 日的放量大涨更像是主力诱多的陷阱。如果一只股票，在反弹过程中成交量持续低迷，某日却突然放量大涨，那很可能是反弹结束的信号。不过这样的放量大阳线确实有一定的诱惑力，如果追进也情有可原。但是如果后市持续不能突破前高的压制，我们就有理由怀疑是诱多陷阱，一旦股价反转则需及时出逃，否则后果不堪设想。

前高的压力不容小视，攻击不成功其反作用力也不小。

实战案例 27

如图 5 – 27 所示，美罗药业（现名"广汇汽车"）在形成一个双头后股价迅速下跌，短期跌幅较大。寻底成功后该股开始快速反弹，成交量也明显放大，股价很快突破 60 日平均线上行，但在不久后的 2008 年 5 月 19 日，该股上攻受到空头强力打压，最后留下较长的上影线，此后该股反转下跌，股价迅速下挫，跌幅巨大。

图 5 – 27　美罗药业（广汇汽车）　600297

　　2008 年 5 月 19 日前的反弹有成交量的支持，但为什么离前高还有些距离即夭折了呢？结合当时的大势就不难理解了。当时的大盘受金融风暴的影响持续低迷，该股能有这样程度的反弹也得益于成交量的支持，但是毕竟前面的双头套牢了太多的筹码，一旦股价接近就引发了大量的割肉盘，股价难以挑战前高也是情理之中的事。从 60 日平均线看，当时虽然股价突破了该平均线，但丝毫没有改变 60 日平均线的下行趋势，也就是说中期下跌趋势并没有得到扭转，反弹很快夭折也是可以理解的。

◎ 实战案例 28

　　如图 5 – 28 所示，平高电气在一波快速下跌之后开始快速反弹，股价很快突破 60 日平均线，不过到前期高点附近即反转下跌。股价此后在 60 日平均线附近获得支撑，再度反弹。2008 年 2 月 18 日，该股挑战前高，但很遗憾，股价虽然高开，但最后收阴，足见此处空头力量强大。后市该股直线下跌，短期跌幅巨大。

图 5-28　平高电气　600312

该股 2008 年 2 月 18 日反弹到前高后便反转暴跌，原因在于前高本身就是挑战更前面的高点失败的地方，可以说是套牢盘聚集的地方。既然多次调整失败，证明做空动能十足，后市暴跌也就可以理解。对于做短线反弹的投资者来说更要有清醒的认识，一旦股价反转要第一时间离场。

○ 实战案例 29

如图 5-29 所示，荣华实业（现名"ST 荣华"）在 2008 年大幅下跌，股价严重超跌，直到 11 月才止跌企稳。此后该股快速上行。11 月 20 日，该股继续上涨，股价接近前期高点，但次日却低开低走，说明此处依然有较大的压力，挑战前高失败。可是该股此后并没有怎么下跌，后市横盘一段时间后再度冲击前高，并成功突破。

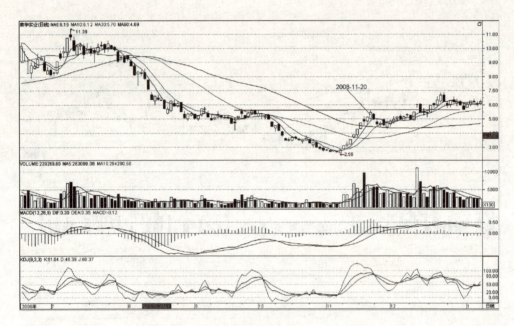

图 5 – 29　荣华实业（ST 荣华）　　600311

本例中该股挑战前高失败与通常的失败有很大不同，主要表现在该股此次反弹建立在股价严重超跌的基础上，大盘也已经逐渐走好，在反弹的过程中又得到了成交量的支持，虽然暂时失败，但股价反转走势已经不可逆转，只是时机未到。另外该股挑战失败后只是轻微回落，这也值得我们关注，说明此处已经有很多逢低吸纳的力量存在，导致股价不能深幅回落。

实战案例 30

如图 5 – 30 所示，维维股份在一波较大的反弹后股价迅速下挫，直到 60 日平均线下方一点才止跌回升。此后股价逐步上涨。但在 2008 年 3 月 6 日前几天，股价明显上涨乏力，而此时离前高已经很近了，说明受到前高的巨大压力。此后股价再度反转下跌，跌幅巨大。

图 5 - 30 维维股份 600300

本例中该股反弹至前高下方即偃旗息鼓，受前高的压制明显。为什么不能有效突破前高呢？除了有大盘的原因之外，最大的原因在于缺乏成交量的支持。该股在此次反弹中虽然量能有所放大，但相对前波上涨时的量能依然缩量得厉害，以这样的量能是很难突破前高的。因此反弹到前高附近，一旦股价滞涨，倒是很好的卖出机会。

○ **实战案例 31**

如图 5 - 31 所示，桂东电力前期大幅下跌，股价严重超跌。触底后该股快速反弹，股价很快突破 60 日平均线。2008 年 11 月 21 日，该股大幅上涨，同时爆出天量，股价一举突破前高。不过次日该股的表现会让人大吃一惊——大幅高开后掉头直下，股价自由落体般跌回前日阳线实体内部，形成乌云密布形态。乌云密布形态的后市一般看淡。难道此次的突破前高依然是假突破？

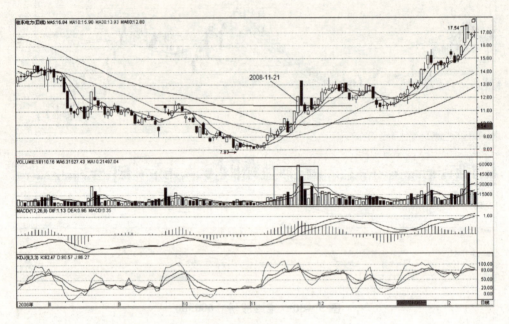

图5-31 桂东电力 600310

要解答这个难题还是要综合研判。从股价的整体走势来说，股价已经突破60日平均线，中期趋势初步走好。从成交量变化情况来看，该股在这波持续的上涨中，成交量也急剧放大，这应该不是散户行为，而在如此低位放量，主力出逃的可能性不大，更可能是拉高建仓。那么11月21日后的回调应是主力强势洗盘。后市的走势也验证了这一判断：股价跌回前高之下，但又很快重新回到前高之上，洗盘特征明显，是很好的买入时机。

本例中该股反弹到前期高点虽然受到空头的阻击，但因为有成交量的支持，突破最终还是成功了，上升趋势自此基本确立，投资者可积极介入。

○ **实战案例 32**

　　如图 5 - 32 所示，标准股份运行在明显的下跌趋势中，60 日平均线明显呈下行走势。但是再大的下跌也有反弹。该股在 2008 年年初就有一波较大的反弹，股价甚至突破了 60 日平均线，不过此后不久还是重归跌势。2008 年 2 月该股再度反弹，但反弹力度显然不够，到 3 月 4 日前后，该股上冲乏力，离前高还有段距离就再度下跌，后市跌幅巨大。为什么此次反弹在离前高甚远的地方就草草结束了呢？除了大势的原因外，本身的原因在于该股此次反弹没有得到成交量的支持，低迷的成交说明市场参与清淡，后市涨幅自然有限。

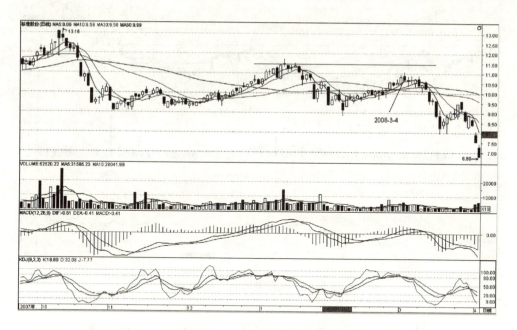

图 5 - 32　标准股份　600302

　　本例说明了反弹如果没有成交量的支持，要突破前高是不太可能的事，抢反弹的短线投资者不能预期太高，一旦股价滞涨则需要及时出局。

○ **实战案例 33**

如图 5-33 所示，酒钢宏兴在 2008 年跟随大盘大幅下挫，直到 11 月才筑底成功，开始逐波反弹。2008 年 12 月 9 日前后，该股反弹到前期高点附近，但是始终无法突破前高的压制。从当时的成交量来看，在冲击前高的时候量能毫无放大的迹象，说明市场还沉浸在熊市思维中，市场追涨意愿明显不足。既然无力突破，那只能再度下跌蓄势。直到 2009 年 2 月 5 日，该股在成交量的支持下轻松突破前高，至此上涨空间才彻底打开，后市涨幅巨大。

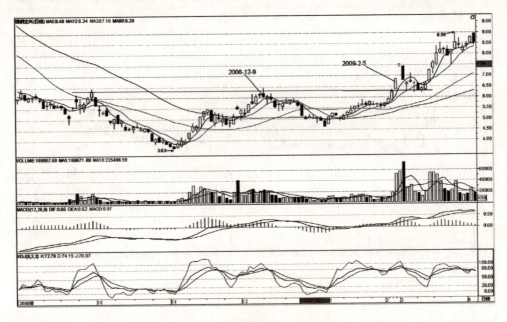

图 5-33 酒钢宏兴 600307

本例中该股在 2008 年 12 月初的冲击前高失败与当时的市场气氛有关，在低迷的市场气氛中，如此有限的做多力量还不足以掀翻空头，后市继续蓄势是必然的。不过此时的反弹也与前面的反弹不同，因为这时的反弹得到了成交量的持续支持，市场介入力量明显增多，虽然暂时还不能战胜空头，但这段时期也仅是黎明前的黑暗。

第 6 章

利用消息进行短线炒作

靠消息炒股向来为人们所诟病，几乎所有人都认为靠消息炒股是最不入流的事情。但是任何事物都没有绝对，特别是在中国股市这样一个政策市里，如果对消息充耳不闻无异于自取灭亡。事实上，利用消息来炒股不乏可取之处。

对于所谓的"消息"，我们不能把它跟股民中间互相传递的小道消息混为一谈，这里我们更多指相关机构或上市公司发布的正式消息，或者媒体的一些相关报道。至于一些投资者能介入到的机构的核心消息，那不是我们要讨论的，毕竟这不是常见的事。

消息通常可以分为两类。一类是宏观的政策消息，比如2009年政府的一系列刺激经济的消息，央行的一些调控措施。这类宏观方面的消息对市场的影响十分巨大，甚至可以决定大盘的走势。宏观消息也经常影响板块的走势，比如2010年初国务院关于海南国际旅游岛规划的批复就让市场狂炒了一把海南板块。另一类是上市公司的消息，包括重组、重大合同等大大小小的消息。这些消息对个股的走势自然有相当大的推动作用，值得我们好好研究。

不过对消息的把握向来有较大难度，消息对大盘和个股到底会有一个什么样的刺激很难确认。坏消息有人当好消息炒，好消息反而给投机者带来出货机会。有时储蓄利率下降，股市不涨反跌，因为投资者认为在短期内不会再减息，所以将好消息消化了之后出货，股市由此出现回档；有时股市里传来利空消息，市场反而止跌急升。可见按常规理解，消息可能适得其反。

消息在不同时间、不同场合甚至在不同市势中会带来截然不同的结果。那么我们是否有法则可循，或利用消息去推测后市呢？虽然有一定难度，但还是有一些规律可循。当市场处于熊市，突然传来的利多消息会使市场产生脉冲劲升行情，这种脉冲行情过后仍会继续走熊市；当市场处于牛市，突然传来的利空消息会使市场产生脉冲急跌行情，这种脉冲行情过后仍会继续走牛市。这是大的规律，在个股上则表现各异。虽然也有利好出尽即利空的情况，但也有利好强力推涨股价的典型，需要我们具体分析、具体把握。

我们在实际操作中可以把握一些基本的规律：当市场有坏消息出笼，投机市场却并无反应，短线可以看好，买入建仓持货；当好消息出台，投机市场却反应冷淡，那么这个市场已经出现了利淡信号，我们应该快速出货，趁价格未曾跌落之前尽早出局。如果是实质性的利好消息，对上市公司有巨大帮助，只要股价不是很高，追进应该没有什么问题；如果是实质性的利空消息，而股价又高高在上，则应及时出逃。

下面我们结合实例来做一些粗浅的分析，以期对投资者有所启发。

一、白云山 A 的短线炒作记录

如图 6－1 所示，如果单从技术图形上看，白云山 A 可以说是那种最不起眼的股票类型：前期几波上涨后在高位震荡横盘，虽然短期平均线向上，但 60 日平均线仍然在下行，甚至 KDJ 指标刚产生死叉，可见中短期走势并不乐观。图上最后一天虽然收出中阳线，但留下较长的上影线，这是冲击前高留下的痕迹，也显示此处有较大的压力，前高的阻力非常明显。作为一个短线投资者，大概没有几个人看好这种走势的股票。

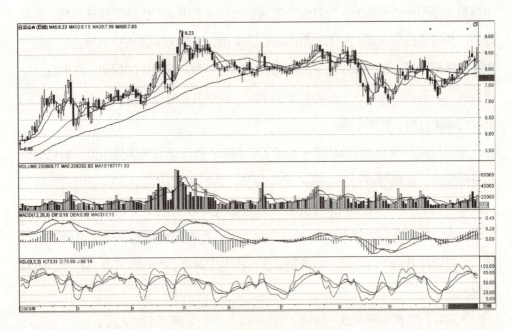

图 6－1　白云山 A　000522

可是就是这样一只走势疲软又压力重重的股票，后市的走势让人大吃一惊。

就在这样没有任何征兆的背景下，白云山 A 在 2009 年 10 月 30 日突然狂涨收于涨停板，成交量大幅放大，显然有主力资金介入。当日股价一举突破前面数个高点，局势陡然豁然开朗，上升空间瞬时打开，前途一片光明。这让毫无心理准备的散户目瞪口呆，摸不着头脑。事实上，经常出现这种莫名其妙涨停的个股正是中国股市的特点，也是本章我们侧重要讲的消息对股票的作用。

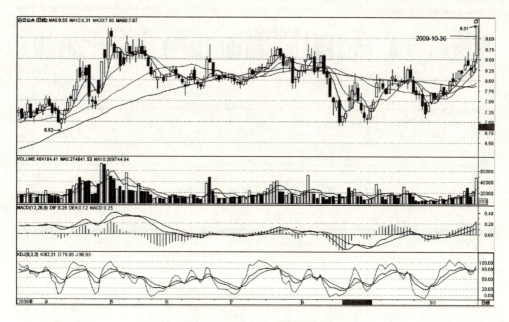

图6-2　白云山A　000522

也许你会说，大盘强劲的时候，涨停的个股随地都是，没什么奇怪的。这话说得也不无道理，那我们还是要来看看当日大盘的走势。如图6-3所示，上证指数2009年10月30日虽然高开，但并没有显现出多少强势，盘中更是上涨乏力，最后竟然还收出一根小阴线，可见那天的大盘较为疲软，更不用说能拉动个股。

如图6-4所示，从2009年10月30日该股的分时图上看，白云山A的走势可谓奇特，散户没有什么很好的机会。当日该股开盘后长时间横盘，成交较为清淡，可以说没有任何特色。可是到当日下午开盘后半小时，该股突

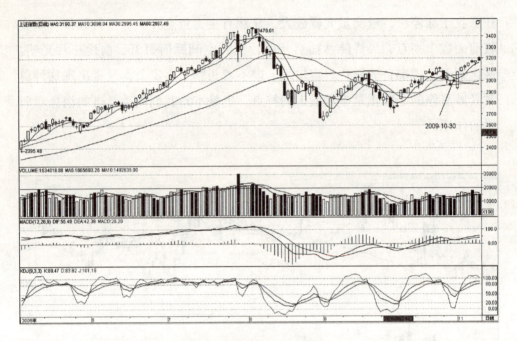

图 6-3　上证指数　999999

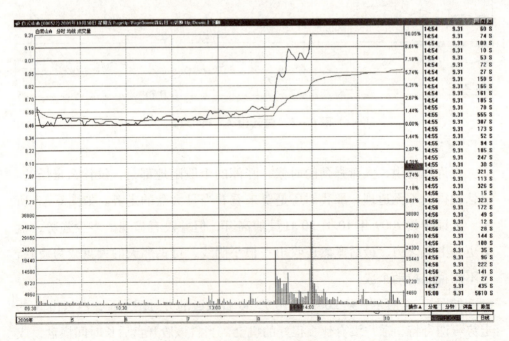

图 6-4　白云山 A　000522

然直线拉升，成交量急剧放大，不到半个小时即牢牢封于涨停板，再也没有打开。对于这种突然袭击，没有准备的散户很难进场。这种走势也是市场游资的典型操作特征——迅猛凶悍。

那么是什么消息让主力如此强悍地拉抬该股呢？我们可以看看网上相关的报道——其实只是一个传闻，说白云山 A 将与广州药业合并。如果这是真实消息的话，当然是巨大利好消息，问题是这只是个不能确认的传闻。不过中国股市向来就是喜欢传闻多过喜欢真实的消息，越是朦胧的消息越能吸引人的眼球，也越得到游资的喜好，该股后市的表现充分证明了这一点。

如图 6－5 所示，当你看到这样几乎 90°的拉升时不知道作何感想，只能感叹游资凶猛吧。该股从 9 元附近启动，一口气拉至接近 18 元，股价在半个月内轻松翻倍。这样的现象大概也算是中国特色吧。不过散户能从这种现象中获利的很少，中国资本市场向来不是散户的乐土。本例也仅仅是拿来作为利用消息炒作的范例，其中所蕴含的实操性其实很少。

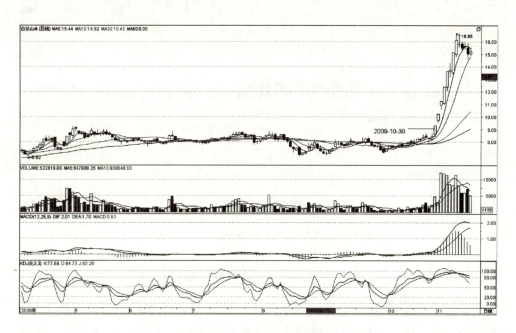

图 6－5　白云山 A　　000522

二、ST梅雁的短线炒作记录

图6-6是ST梅雁（现名"梅雁吉祥"）2009年4月至11月中旬的日K线图。如果你看图上的走势，大概会觉得毫无特色——股价前期大幅下跌，然后横盘筑底，近期稍微有点往上走的意思，但又碰上前期高点，冲击前高没有成功。

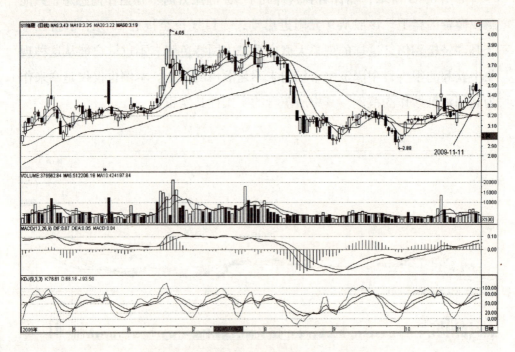

图6-6 ST梅雁（梅雁吉祥）   600868

从中期趋势来看，60日平均线仍然在明显下行，对短期走势有一定的牵扯作用，要上涨难度不小。2009年11月11日，该股盘中股价大幅下探，跌穿5日平均线，但收盘时顽强站上5日平均线，留下较长的下影线，这算是阴霾中唯一的亮色。

从成交量看，与大跌前的量能相比，横盘期间的量能明显萎缩，可见市场参与热情不高，股价难以上攻也是情理之中的事。总之，该股从图上看没有任何特色，走势相对低迷。从技术分析的角度来说没有操作价值，根本不是介入时机。

就是这么一只走势平淡的股票，第二天因为一条消息而一飞冲天，开盘即牢牢封于涨停，封单巨大，以致全天的成交量都很少，显示出主力封涨停的决心很大，市场在大封单的封锁下更加惜售。

那么这是一个什么样的消息呢？为什么产生了如此大的作用，导致市场狂热的追捧？我们先来看《上海证券报》在2009年11月12日发布的消息。

ST梅雁加大清洁能源项目投入

2009年11月12日　　　　来源：上海证券报

ST梅雁日前决定出资1 972万元与美国全球水电工业公司合资设立"广东金球能源有限公司"，以加大公司清洁能源项目的发展。

据公司今日公告，合资公司将研究太阳能发电、有色合金太阳能光伏板开发与制造、投资太阳能发电及有色合金太阳能光伏板开发与制造等相关行业。合资公司投资总额为19 720万元人民币，其中，ST梅雁占注册资本的10%，出资人民币1 972万元；美国全球水电工业公司占注册资本的90%，出资17 748万元人民币等值外汇。

这样一条消息事实上没有多大意思，ST梅雁出资1 792万元与一个美国公司建立了一个合资公司，占的股份才10%，即便能大幅盈利，对于ST梅雁这样一个总股本19亿股的大公司来说也太微不足道了，可以说对公司的业绩没有多少帮助。可是就是这么一条平淡无奇的消息得到了市场的大力追捧。主要原因是这消息恰好迎合了当时市场的热点，即清洁能源的开发，这是国家大力支持的项目。机构投资者和游资的灵敏嗅觉闻到了炒作的价值，于是出手炒作，消息公布当日该股价毫无悬念地封于涨停板也就不稀奇了。

图6-7　ST梅雁（梅雁吉祥）　　600868

　　如图6-8所示，2009年11月13日，该股延续前日的强势走势，开盘封于涨停，但不久就在巨大空单的冲击下开板，股价逐波下探，至中午收盘前已接近前日收盘价。下午开盘后股价继续下跌，但在前日收盘价附近止跌回升，最后涨幅2%左右。

　　当日的走势尽显游资特色，快进快出，不求长期的大收获，只求短线看得着的收入。当日成交量巨幅放大，说明游资主力已经大部分出逃。作为散户而言，当日巨量打开涨停板是卖出的较好的时机。这需要时刻盯着盘面，看到快要开板就赶紧挂单出逃，两个涨停共10%的收获对于短线投资者来说已经很丰厚了。没有及时出局的投资者也不需要过分担心，当日该股最后还能拉回2个点收盘，说明仍有主力未出逃干净，后市应该还有一波拉高出货。

图6-8 ST梅雁（梅雁吉祥） 600868

如图6-9所示，从分时图上，我们可以清晰地看到在开盘后的涨停板上成交量巨幅放大。成交量柱体急剧放大，这应该是主力利用涨停急速出货。随后在巨大卖盘的冲击下涨停板被打开，股价快速下挫，此时散户要出货就比较难，除非摒弃了一切幻想，压低几个价位挂单，这对于散户来说着实不容易。事实上更好的出货时机在此后不久股价重新拉回并再度封于涨停板的时候，此时就不能再犹豫了，应该立刻出逃。因为前期的巨量打开涨停板已经说明了主力出逃的决心，此时再抱有幻想毫无意义。一般而言，开板吸筹成交量不会很大，同时下跌的幅度也不会很大，而该股开板后的下跌显然超出了吸筹的范围。

如图6-10所示，该股在2009年11月14日略微低开下探后股价重新上升，最后涨幅3.5%左右，投资者可以在此时安全出逃，对后市不要抱有太多希望。因为那条消息毕竟不是改变公司本质的消息，显然是游资的即兴炒作。虽然后市该股还上涨不少，出于安全第一的考虑，及时出局也没多大错误。

图6-9 ST梅雁（梅雁吉祥） 600868

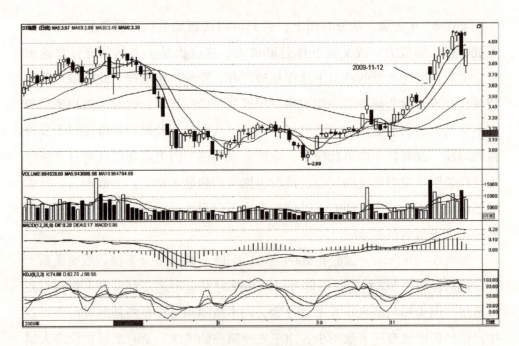

图6-10 ST梅雁（梅雁吉祥） 600868

图6-11是ST梅雁（现名"梅雁吉祥"）2009年11月16日的分时图。当日该股小幅低开后拉回至前日收盘价附近，然后横盘震荡，成交较为低迷，这说明并无主力出货，应该有戏。不过整个上午都毫无动静，有点磨人。一直到下午13:50左右，该股才突然发力，股价直线拉上涨停板，这说明游资十分凶悍。成交量明显放大，特别是在涨停板上成交量更是巨幅放大，这应是主力出货，投资者可以跟随出货。

图6-11　ST梅雁（梅雁吉祥）　600868

三、云铝股份的短线炒作记录

2009 年 7 月 11 日《21 世纪经济报道》这份报纸上一篇关于云铝股份的文章《云铝股份原料供应将自给：增资 12 亿控股文铝 85%》，称云铝股份加大了对文山铝业的投资，实现了原料自给，大大提高了产品利润率。

这个消息对云铝股份的估值可以说产生了天翻地覆的变化。云铝股份从一个完全靠外购原料的铝业公司变成了完全自给自足的公司，其变化不可谓不大。这对公司的运行和业绩也必然产生巨大的影响，可以说是一个巨大的利好消息。可惜 7 月 11 日为周六，我们只能等待周一开盘。如图 6 – 12 所示，该股在周一，即 7 月 13 日，果然大幅高开，可是令人大跌眼镜的是开盘后竟然直线下跌，最后收出中阴线，形成乌云密布的组合图形，不是很妙。难道真应了那句俗语"利好出尽即利空"？恐怕没这么简单。事实上我

图 6 – 12 云铝股份 000807

们不能忽略当时大盘的走势。

如图6-13所示，大盘在7月13日继续前日下跌走势，全天比较低迷，市场人气清淡。加上前期大盘已经大幅上涨，恐高症明显出现。当日的大盘的低迷走势无疑也影响到了云铝股份的走势。不过到底怎么回事，单日走势不能说明问题，我们还是继续观察。

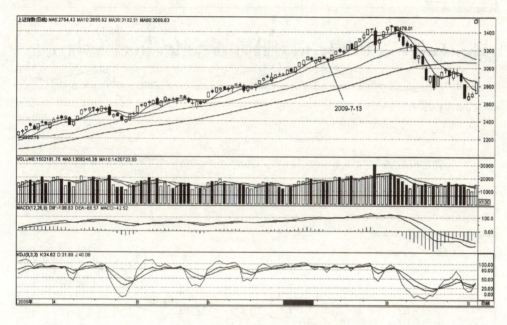

图6-13 上证指数 999999

如图6-14所示，7月14日，云铝股份并没有继续下跌，而是依托5日平均线收出小阳线。事实上前日的中阴线也收于5日平均线上方，有经验的投资者就知道这依然是强势走势的特征。由于该股此时已经在前高上方，胆大的投资者应该试探做多。

如图6-15所示，该股7月15日的走势可以说给出最后的答案，走势立刻明朗化了。当日该股放量大涨，收出大阳线，只差一点涨停，强势特征明显。如果说前面的走势还不好把握的话，此时应该已经很明朗，投资者唯一需要做的事情就是买进。

图 6-14　云铝股份　　000807

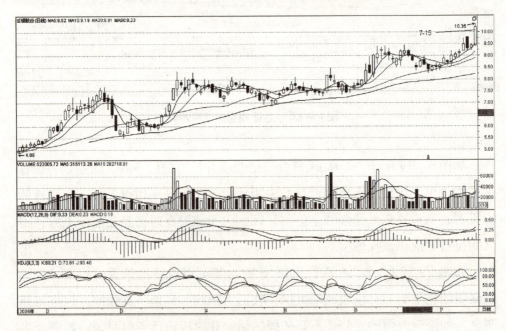

图 6-15　云铝股份　　000807

如图 6 – 16 所示，该股此后的走势非常强悍，连续大阳线拉升，到2009年 7 月 20 日更是大幅跳空上升，最后封于涨停板。至此，该股短期拉升已经超过 30%，牛股特征明显。如果能在启动初期介入，收获无疑是巨大的。不过后面还有更大的惊喜。

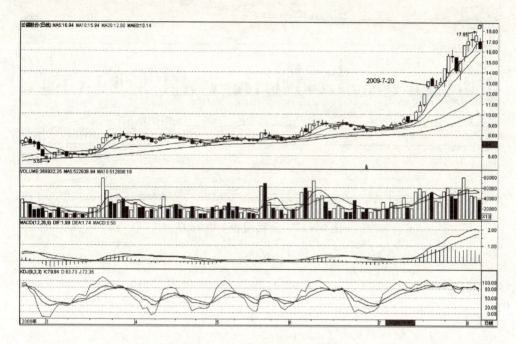

图 6 – 16   云铝股份   000807

如图 6 – 17 所示，该股此后稍作休整便继续拉升，虽然没有前面那么干净利索，但总体涨幅一点不小。直到 2009 年 8 月 4 日，该股才显出滞涨特征，冲高回落，收出带有长上下影线的螺旋桨线，这是多空激烈搏杀的表现，投资者可以开始减仓出局。局面发展至此，该股已经拉升 70% 以上，涨幅相当惊人。

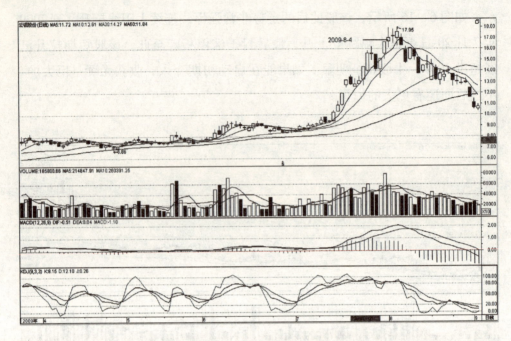

图 6 – 17　云铝股份　000807

四、联合化工的短线炒作记录

图6-18是联合化工（现名"合力泰"）2009年3月至11月底的日K线图。从图上看，该股应该到了一个关键时点。

该股此前有一个巨大的形态震荡，上下的边线都很清楚，股价上行到上边线回落，下跌到下边线则止跌回升，对做波段操作的投资者来说提示很明确。2009年11月23日，该股跳空上行，终于突破箱体区域，上升空间被打开，后市看好。不过这里还不能确认是有效突破，因为单日的突破并不能算有效突破，我们还需要后市的确认。

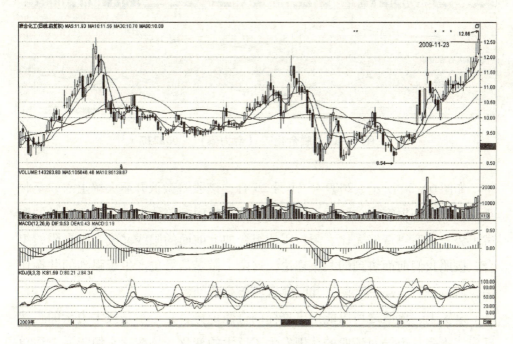

图6-18 联合化工（合力泰） 002217

如图6-19所示，2009年11月24日，即突破的次日，该股却大幅下挫，当日收出大阴线，股价重新跌回前高之下，基本可以确认是假突破。后市看来有点糟糕，很可能会继续下跌。可是接着的走势可能令大部分投资者都百思不得其解。

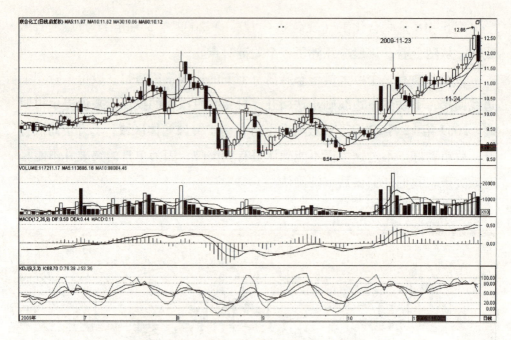

图 6-19　联合化工（合力泰）　　002217

如图 6-20 所示，2009 年 11 月 25 日，该股略微低开后大幅上涨，至收盘竟然收出一根穿头破脚的大阳线，股价重新回到箱体上方。这让前日的恶劣走势一下变得奇好无比。阳包阴的组合加上前面的阳线又成为阳夹阴的组合，按照我们前面讲到的共振理论，这两个做多信号也产生了强烈的共振作用，后市一下子豁然开朗，此时介入应该毫无问题。

事实上，该股之所以能走出这样的奇怪走势，完全不是技术力量的自然反应，更多是市场对该股的认识发生了巨大的变化。这变化来源于一个简单的消息。我们把腾讯网上一篇关于该股的分析摘录过来给读者参考。

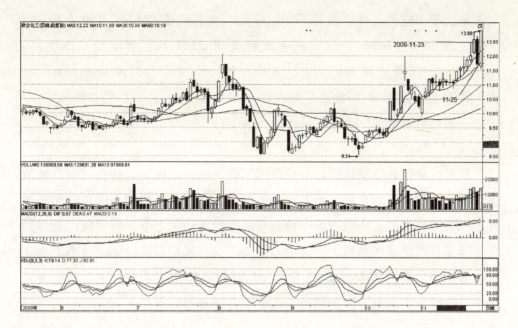

图6-20 联合化工（合力泰） 002217

联合化工：硝酸牛市即将来临

2009年11月30日 10:45 　　　腾讯财经特约

公司有望成为小合成氨行业的整合平台，公司的多联产和循环经济模式有望成为小合成氨行业的发展方向。虽然小合成氨装置生产成本要高于大型装置，但小合成氨也有自己的灵活性优势，公司通过生产改造和下游产品的综合利用以及多产联合，其盈利能力并不弱于其他大的合成氨企业。目前国内还有许多小合成氨企业由于管理和经营不善，面临停产倒闭，公司有望在整合小合成氨企业方面崭露头角。

投资建议：买入

2010年公司的合成氨生产能力将达18万吨，硝酸产能27万吨，三聚氰胺产能3.6万吨，硝酸铵18万吨，硝基复合肥11万吨。公司无烟煤年消耗20万吨，目前到厂价1 100元/吨，煤炭价格上涨 100 元，减少公司 EPS0.08 元。我们假设 2010 年煤炭价格上涨 15%，2010 年公司的硝酸销量为 22 万吨，销售价 2 300 元/吨，三聚氰胺 2.6 万吨，售价 8 300 元/吨，我们测算出公司 2009 年、2010 年 EPS 分别为 0.30 元和 0.83 元，给予首次"买入"评级，目标价 20.75 元。

这是一条让人重新认识该股价值的消息，也可以说是改变公司实质的消息，其估值的提升对市场无疑有巨大的吸引力。后市该股的走势也证明市场开始积极关注该股。该股股价在成交量的推动下快速上涨。值得我们关注的是连续三日成交量密集放大，这应是主力行为，散户是无论如何造不出如此大的成交量。可是该股在 2009 年 11 月 30 日高开大幅上攻，随后却逐波下挫，至收盘竟然回到开盘价附近。此时该进还是退？见图 6－21。

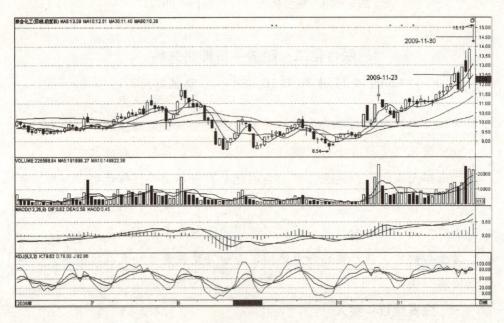

图 6－21　联合化工（合力泰）　　002217

这条非常长的上影线也许吓倒了投资者。事实上完全不用担心，因为该股从消息上网、主力进场到现在，涨幅还远没有达到他们能离场的地步。从技术上来说，该股虽然冲高后大幅回落，看似获利盘出逃，但巨大的上升缺口丝毫无损，这就暴露了主力的意图，如果是出逃，不会留下这么一个巨大的缺口。

如图 6-22 所示，该股洗盘后再度强势拉升，连续涨停，牛股特征充分展现。这次炒作还获得了政策面消息的配合。在中国股市，主力永远能跟政府保持高度一致，消息的出台总是配合默契，令人叹为观止。我们来看看是一条什么样的消息。

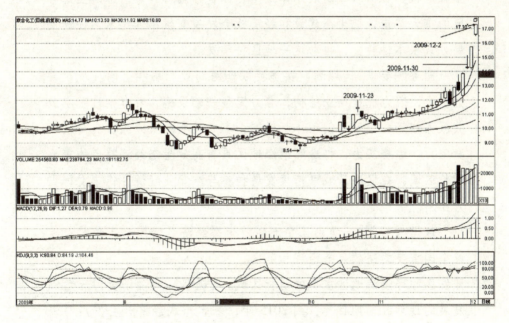

图 6-22　联合化工（合力泰）　　002217

新华社济南 12 月 3 日电（记者邓卫华、滕军伟）　　记者从山东省政府获悉，国务院已正式批复《黄河三角洲高效生态经济区发展规划》。以此为起点，黄河三角洲地区的发展上升为国家战略，成为国家区域协调发展战略的重要组成部分。

黄河三角洲位于渤海南部黄河入海口沿岸地区，包括山东省的东营、滨州和潍坊、德州、淄博、烟台市的部分地区，共涉及 19 个县（市、区），总面积 2.65 万平方公里，占山东全省面积的六分之一，总人口约 985 万人。黄河三角洲土地资源优势突出，地理区位条件优越，自然资源较为丰富，生态系统独具特色，产业发展基础较好，具有发展高效生态经济的良好条件。

加快发展黄河三角洲高效生态经济，不仅关系到环渤海地区整体实力的提升和区域协调发展的全局，也关系到环渤海和黄河下游生态环境的保护。国务院指出，要把《规划》实施作为应对国际金融危机、贯彻区域发展总体战略、保护环渤海和黄河下游生态环境的重大举措，把生态建设和经济社会发展有机结合起来，促进发展方式根本性转变，推动这一地区科学发展。

国务院要求，《规划》实施要以资源高效利用和生态环境改善为主线，着力优化产业结构，着力完善基础设施，着力推进基本公共服务均等化，着力创新体制机制，率先转变发展方式，提高核心竞争力和综合实力，打造环渤海地区具有高效生态经济特色的重要增长区域，在促进区域可持续发展和参与东北亚经济合作中发挥更大作用。

依据《规划》，黄河三角洲高效生态经济区的战略定位是：建设全国重要的高效生态经济示范区、特色产业基地、后备土地资源开发区和环渤海地区重要的增长区域。《规划》明确了黄河三角洲发展的近期和远期目标：到 2015 年，基本形成经济社会发展与资源环境承载力相适应的高效生态经济发展新模式；到 2020 年，率先建成经济繁荣、环境优美、生活富裕的国家级高效生态经济区。

这条消息对助推该股涨停起到至关重要的作用，因为当时密集出台了一系列区域经济的规划，对市场产生巨大的冲击，受到投资者的热捧，主力趁势加速拉升股价，毫不费劲。

如图 6－23 所示，2009 年 12 月 3 日，该股继续上攻，但获利盘也开始出逃，股价持续下探，最后收出小阴线。至此，该股从 12 元附近已经拉升到 18 元附近，短期涨幅巨大，不贪婪的投资者也可以适时出局，落袋为安。从技术上来说，12 月 3 日该股的带有长下影线的小阴线已经透露出主力试探出逃的迹象，投资者应该小心应对，最好减仓。

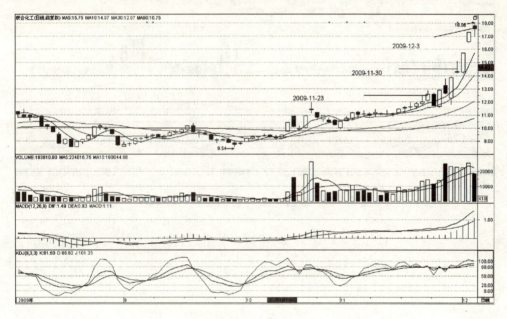

图 6 – 23　联合化工（合力泰）　　002217

如图 6 – 24 所示，该股次日果然变盘，大幅跳空低开，当日收出大阴线，形成一个小型的岛型反转，此时投资者应该毫不犹豫出局。此后该股持续回落，走势低迷。

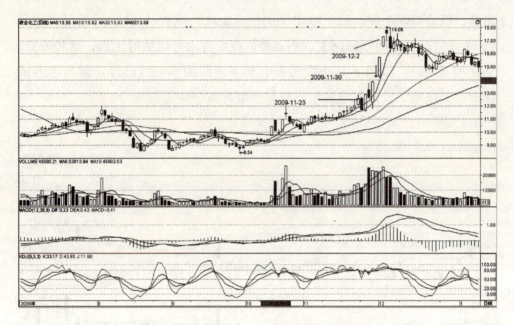

图6-24　联合化工（合力泰）　　002217

五、泰达股份的短线炒作记录

如图6-25所示，泰达股份在2009年1月9日的走势没有多少特色。当日该股高开后冲高回落，收出带有较长上影线的小阳线，虽然多头强势，但空头也显出实力。从技术图形来说，该股大跌后走出一个双底模样，此后突破颈线上行。作为短线投资者，在1月9日适当追进也未尝不可，但因为上面不远处即前期大顶，上升空间应该有限。

图6-25　泰达股份　000652

不过次日该股却大幅高开，因为前日晚出了一条消息，即天津滨海新区挂牌，这对相关个股是个相对的利好消息。只是没想到，该股在开盘迅速冲高后不久即掉头下行，股价最后竟然回到了前日收盘价附近，如图6-26，在K线图上留下一根怪异的带有很长上影线的大阴线。这应是"见光死"

的最好体现。这样巨大的下跌幅度也说明不是洗盘行为，而且当日成交量明显放大，主力出逃明显。

图 6 - 26　泰达股份　000652

　　如图 6 - 27 所示，从该股当日的分时图上我们可以看到当日主力如何利用利好消息出货。该股开盘后迅速拉高，股价直奔涨停板去了，可没几分钟即调头直下，很快跌穿均价线，同时均价线也向下移动，这说明市场在争先恐后出货，愿意以低于平均价格的价位出货。面对如此低迷的表现，投资者只能趁早出局。该股此后逐波下跌，到收盘时股价已经等同于前日收盘价，可谓振幅巨大。

　　后市该股走势重归平淡，没有多少表现。

　　本例是一个主力利用利好消息出货的范例，它告诉投资者不要认为所有的利好消息都是进场的时机。在 A 股市场，"见光死"是大概率事件，很多利好消息的出台都是主力与上市公司本身配合的表演，投资者应提高警惕。

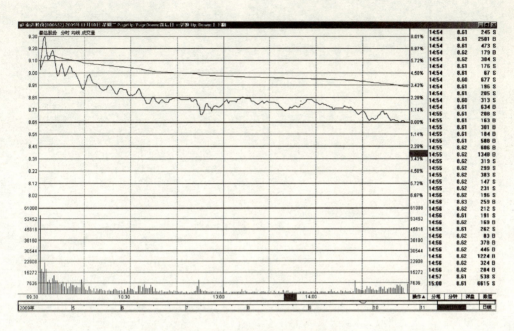

图 6 - 27　泰达股份　000652